家庭中的蒙台梭利早教

THE MONTESSORI WAY

HOW TO RAISE AN **AMAZING CHILD**

〔美〕蒂姆·赛尔丁／著
李一之／译

中国妇女出版社

家庭中的蒙台梭利早教

（全新修订版）

〔美〕蒂姆·赛尔丁　著
李一之　译

DK

目录
CONTENTS

作者的话

我已经不太记得接触蒙台梭利式教育之前的生活是怎样的了，对我而言，蒙台梭利式教育为我打开了新世界的大门。

这本书的内容是我个人经验的汇集。我从一个孩子，成长为一个父亲、一个蒙台梭利养育师，乃至某种程度上的咨询导师，为许多寻找用更好的方式来养育孩子，希望以友好、合作和尊重的态度来对待孩子的家庭提供专业的建议。在此过程中，我所学到的大部分知识都来源于我对自己孩子的观察与倾听，并且我也从所犯的错误中吸取了教训。

为人父母是一项全职的工作。曾经，养育子女是一件看起来很简单的事：父亲外出工作，母亲待在家中照看孩子，孩子通常只需要服从——因为父母严格控制着他们的活动，并且不听话会受到严厉惩罚。

时至今日，家庭的形态变得多种多样——在外工作的单身妈妈，在家照看孩子的全职奶爸，由两个妈妈（爸爸）和孩子组成的家庭，以及三代人或更多的家庭成员住在一起。很多家庭中，父母中有一方往往不会整天待在家里；双方可能都有自己的事业、生意，或者必须靠工作来养家糊口。照顾孩子的重任因此落到在家的父母、祖父母身上，或者需要家庭保姆、临时看护员、幼儿园来承担这一责任。

在很多国家，离婚的现象日渐普遍。许多人需要兼顾工作并作为单亲妈妈（爸爸）独自养育孩子，或者为了给孩子稳定、安全的感觉而在分开生活的情况下共同抚养孩子。

与此同时，互联网、电视和其他媒体不断提醒着我们，为婴儿、学步期幼儿和青少年创造良好的体验环境是多么重要。我们知道孩子的大脑能迅速地吸收、学习知识，但前提是在早期给予其必要的刺激。如果之前我们由于认识不够，还未感到不足，那么现在是时候认真考虑一下，为人父母的我们是不是合格的儿童早期教育者了。

我们中的绝大多数人都希望在时间和资源允许的范围内，尽最大可能给我们的孩子一个最佳的家庭环境。而每一位家长的确都是自己孩子的老师。我们肩负的使命不仅仅是喂养、怀抱和保护我们的

“我们中的绝大多数人都希望尽最大可能给予我们的孩子最佳的家庭环境。”

孩子，还要教会他们如何变成独立、自信而成功的人，拥有幸福快乐的人生。这条成长的路很漫长，然而知道它最终会通向何处，了解这一路上我们要做些什么，为什么要这么做，总是让人心安的。

如果你有孩子，并渴望从一个全新的视角看待养育，得到一些切实可行的建议，那么这本书非常适合你！书中所呈现的不仅是亲子活动的创意，更传达了一种赞美生命的理念。这些日常小事记录着我们生命中独一无二的时刻，确认着我们彼此的爱，让世界变得大不相同。这美好的变化，与你的孩子有关，也与身为父母的你自己的人生有关。

Tim Seldin

蒂姆·赛尔丁

蒙台梭利基金会主席

1

为什么选择蒙台梭利式教育

为人父母的苦与乐

孩子是生命中最美的礼物之一，但要在现代社会养育出快乐而富有同情心的孩子，无疑是对所有父母的一项挑战。

作为父母，我们与孩子之间的联系在孩子出生前就形成了。这种联系将贯穿我们此后的生命。年复一年，我们在孩子身边看着他们学会微笑，能够爬行，说出第一个词，迈出第一步，我们一同记录下了孩子成长道路上的每一座里程碑。

有了孩子以后的生活并不轻松。除了有温馨的拥抱和依偎相随，我们也必须承受照料孩子的一个个不眠之夜，为生病的孩子担心不已，处理孩子失控的情绪和孩子兄弟姐妹之间的“战争”，以及面对为人父母的许多其他挑战。当孩子长大一些后，他们似乎变得比我们自己更了解我们。他们知道按下哪个按钮能让我们抓狂，更知道如果想要得到某样东西，用怎样的手段能使我们做出让步。很多时候，我们都真心希望孩子在到来的同时能自带操作说明书。

现代社会中，很多父母对如何才能养育出好性格的孩子感到迷茫。在我们周围，我们的孩子经常能看到或听到其他孩子和他们的父母顶嘴、在游乐场打滚哭闹，以及对别人出言不逊。关于养育孩子

生命的纽带

从出生那一刻起，孩子就成为我们爱和关注的焦点。孩子与我们之间的亲子纽带自他出生起形成，一直要延续至其成年。

的建议多如牛毛，但大多数并不见得真正有效。其原因就在于，这些建议很大程度上就像烹饪书上所列出的步骤，只是针对某种特定情况的具体建议，而不是有关养育的一个综合而系统的方法论。

与众不同的方法

我的生命与一位杰出的女士——玛丽亚·蒙台梭利提出的理论结下了不解之缘。当我还是一个孩子的时候，我进入了一所深受蒙台梭利教育理念影响的很棒的学校学习；成年后，我又有幸在这所学校从教师做到校长，为之服务了25年。蒙台梭利在教学中所传播的理念、洞见与实践策略影响了全世界数以百万计的家长与儿童。其教育方法被广泛应用于以她名字命名的学校，而它在家庭中也同样适用，并易于施行。

蒙台梭利针对孩子的教养原则是基于孩子成长的整体规划，从出生开始（或尽可能小的时候），一直持续到孩子变得成熟。如果理解得当，这种方法将在很大范围内适用于各种类型的儿童。它拥有一套完善的体系，在过去的一百多年中已经得到实践检验，既可以作一体式运用，也可以拆分出有针对性的措施。试一试吧——你会发现它非常有用！

要使用这种方法，你并不需要成为一位蒙台梭利教师，也不需要在你的家里创建一所蒙台梭利学校。但如果在你的家里和家庭生活中尽可能多地实施本书中所建议的方法，相信你会发现，你已经在慢慢变成一位颇有育儿心得的家长，将更有能力去打造一个充满温暖、爱意、友善与尊重的家。

测试限度

一旦孩子开始展现对独立的追求，为人父母亦将变得更有挑战性。

什么是
蒙台梭利式教育

100多年前，一位年轻的意大利女性提出了一套全新的教育法则，这套法则以对孩子的鼓励和尊重为基础。

1870年，玛丽亚·蒙台梭利出生于意大利。当时的社会风气对女性的态度还相当保守，在克服了重重阻碍后，蒙台梭利终于成为意大利的第一位女医生。此后，她任教于罗马大学医学院，并通过义诊，开始频繁接触到一些穷人家的孩子。在工作中，她渐渐意识到，每一个孩子出生时都拥有令人惊讶的潜能，而孩子只有在生命的前几年接受大人正确的激励与引导，才有可能将这些潜能发挥出来。

“蒙台梭利的理念至今仍有很大影响。她的系统性方法几乎能在所有条件下进行复制与操作。”

为了证明自己的观点，1907年，蒙台梭利开始运作一所日托学校，专门照看未到上学年龄的平民孩子。而这所坐落在罗马最贫穷街区的幼儿园，成为她创办的第一所“儿童之家”。进入儿童之家的许多孩子之前都在缺少关爱而艰苦的环境中成长，好斗，急躁，不讲秩序。

蒙台梭利从一些年龄比较大的孩子入手，开始教他们如何帮助大人完成日常生活中的任务。让她感到惊奇的是，这些三四岁的孩子非常乐于学习实际的生活技巧。很快，这些孩子就开始在学校负起责来，他们协助准备和分发饭食，并帮忙维持整洁的环境。他们收敛了街头顽童时期的粗鲁，举止变得优雅而礼貌。

孩子的世界

蒙台梭利认识到，孩子在充斥着成人用品的世界中倍感挫折，因此，她特地准备了小一号的水壶和碗，找来了适合孩子小手使用的剪刀。她让木匠按孩子的尺寸制作出足够轻的桌椅，以便他们不用大人帮忙也能移动这些物体。孩子们喜欢坐在地上，她就给每人一块小地毯来划分他们的“工作”区域。孩子们很快学会了小心地在地毯范围内走动，而不去打扰其他人的工作。

在花费了相当多的时间观察孩子，并与孩子进行互动后，蒙台梭利确信他们要经历许多不同的发展阶段（见14～17页），孩子在每一个阶段都会有不同的倾向、兴趣与思考方式。她还发现孩子在每一个发展阶段都有着自己的逻辑，伴随着某种特定喜爱的活动和自然流露的行为。

蒙台梭利观察到孩子在一切事物都被安排得井井有条、平静有序的环境中是如何反应的。她看到孩子努力控制他们的移动，注意到他们不喜欢因为脚步踉跄或把东西掉到地上而破坏这种安静。她给予孩子机会发展他们自己的独立意识，并认识到，当教会并鼓励孩子自己做某事时，他们的自尊与自信水平都能得到提升。

国际影响

第一所儿童之家大受好评，而这种教育模式也迅速风靡全球。作为国际上令人尊敬的科学家，蒙台梭利凭借自身极强的公信力，吸引了从国家领导人到科学家，从工人领袖到工厂老板，还有无数老师与母亲的关注。她放弃了医生职业，将全部精力投入到蒙台梭利学校在全世界的推广中。她不断倡导保护所有孩子的权利、激发他们的智力潜能，持续推动诸如“教育与和平”这样的发展项目，直到1952年去世。蒙台梭利的理念至今仍有很大影响。她的系统性方法几乎能在所有条件下进行复制与操作。一些人被接受蒙台梭利式教育的学生们表现出的沉着、有责任感的行为所折服，感动于他们对学习的热爱；另一些人则赞赏蒙台梭利教给孩子们的自由、自觉与独立。

新的开始

玛丽亚·蒙台梭利将科学的方法引入教育，研发教具并观察孩子如何使用这些工具。

认知的
敏感期

孩子在最初的认知发展中度过了他们的敏感期，这些机会不会再有第二次。

蒙台梭利认识到，儿童在智力发展的不同阶段会有不同的兴趣，她把这些阶段称为“敏感期”。在这一时期，儿童会变得极为好奇，并从他们所处环境的特定方面吸收知识。理解这一过程对我们来说很重要，因为每一个阶段都是一次机会，如果善加利用，将对孩子的发展产生深刻影响。

蒙台梭利把孩子从出生到6岁这6年划分为几个不同的敏感期（见16～17页）。在每一个阶段，孩子都有更容易获得某些特定能力的倾向。敏感期是一种冲动，处于敏感期的孩子都有一种特别的动力，会专心地关注环境中的某些特定方面，日复一日，不知疲倦，不厌其烦。比如，在生命的最初几年，孩子就处在语言敏感期。他们会注意大人在说什么话，以及怎样发音的。在我们还不知道的时候，他们已经能模仿我们的口音说出一样的话了。很明显，敏感期作为一种生物机制深深影响着孩子，帮助他们习得人类传承下来的部分内在的技巧和能力。

“处于某一敏感期的孩子会对周围环境中的一个方面非常感兴趣。”

学习的基础

由于个体差异，孩子们经历的每个敏感期阶段的开始和结束时间不可避免地会有所不同，这要求我们细心观察，有针对性地回应孩子。记住，你的孩子在早期的学习会为其以后的发展奠定基础。当父母和老师意识到并抓住孩子正在经历的敏感期时，我们就能更有效地支持孩子的学习和发展。

有限的机会

儿童在敏感期能学习新事物、掌握新技能，在几乎无意识的状态下毫不费力地发展大脑的各项能力。然而，敏感期是短暂的，一旦孩子掌握了相应技能，或吸收了有关知识，敏感期似乎就会消失。所以，如果孩子没有在对的时间体验、接受适当的激励，就会错过敏感期的学习机会。当然，孩子在以后仍然能学会这些技能，但可能需要付出大量辛苦的练习。这就是为什么孩子在两三岁时的语言敏感期能相对容易地学会一种以上的语言，而这对我们大多数的成人来说却很困难。

YOUR CHILD'S BRAIN

孩子的大脑

科学家已经证明孩子在敏感期的体验会影响大脑反馈回路的发展。其形成的连接模式会“固定”在大脑中，继而影响将来的学习与行为。

学习时间
在合适的时间给予适当的激励，孩子就能在几乎无意识的状态下学习。

在实践中 敏感期（出生到6岁）

这些敏感阶段有时被称为“充满吸收力的时期”。蒙台梭利坚信这一时期应得到重视，不仅仅为认知发展，更为了孩子的幸福和快乐。

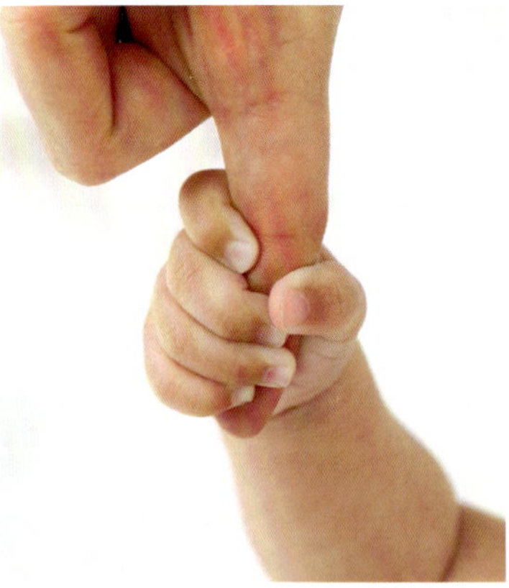

运动
（出生到1岁）
随着孩子对抓握、触摸、翻身、平衡、爬行和走路的学习，他的运动变得协调而有控制。

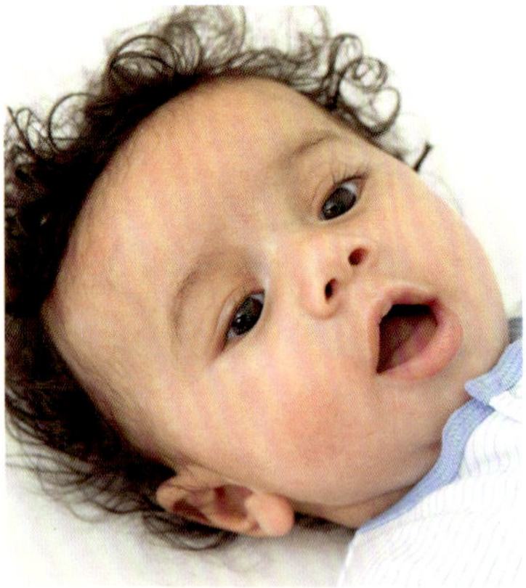

语言
（出生到6岁）
从练习咕咕叫和发声开始，孩子从咿呀学语逐渐发展到会说单词、词组，直到句子。

秩序
（0.5～4岁）
这一阶段孩子表现为对维持秩序的热爱，对一致性和重复性的要求。与此同时，每件东西都必须放在它应该待的位置上。

小物件
（1～4岁）
随着手眼逐渐协调，孩子会喜欢把玩一些小物品，并注意一些细节。

如厕训练
（1.5～3岁）
随着孩子的神经系统发育得更加完善，他开始学习控制自己的大小便。

音乐
（2～6岁）
当音乐成为日常生活中的一部分，孩子在发展中会对音高、节奏和旋律流露出自然的兴趣。

优雅与礼貌
（2～6岁）
孩子会喜欢模仿礼貌与体贴的行为，并将其内化为自己的品格。

感觉
（2～6岁）
感觉训练从出生就开始了，但从2岁起，孩子会着迷于一系列感觉体验，包括味觉、听觉、触觉、嗅觉。

书写
（3～4岁）
蒙台梭利发现书写在阅读之前，并以孩子用铅笔在纸上反复描画字母和数字的尝试开始。

阅读
（3～5岁）
孩子对符号和它们对应的发音表现出自然的兴趣，很快他们就能读出单词了。

空间关系
（4～6岁）
随着孩子对空间关系理解能力的发展，他开始逐渐能完成一些复杂的拼图。

数学
（4～6岁）
蒙台梭利提出了在数字和数量敏感期通过体验具体事物来让孩子学习数学的方法。

孩子的 脑发育

在最初的6年，孩子大脑发育的速度要比其他任何时期都快。

当下，科学家们已达成普遍共识，孩子从出生开始的大脑发育以可预见的方式受到其所处环境的巨大影响。大脑已预先准备好习得某些技能，如语言能力，但其所有的成长与变化都由外界刺激引起。在这一关键的早期阶段，无论孩子在家中还是处于群体生活，他所接触到的一切都将为以后的发展打下基础。

玛丽亚·蒙台梭利通过仔细观察从出生到6岁的儿童，详细记录了儿童的发展方式。一百多年后，她的研究被儿童脑研究的新技术所证实。核磁共振成像扫描揭示了大脑发育过程中如何对智力和感官刺激做出回应的隐藏证据，即铺设神经通路，建立复杂而持久的“网络”。在这几年中，孩子会自然而然地学习，请父母给予他良好的环境、鼓励

愉快的细语

“妈妈语”很好地描述了妈妈在和宝宝交流时，会自然地使用哼唱般的细语。科学证明，这种声调能被宝宝最有效地听到。

和机会吧!

科学的养育

在生命的最初6年，除了好的营养和好的睡眠外，还有什么是孩子真正需要的？研究这样告诉我们：

◆ 智力、情绪和社交发展是相互关联的。当孩子感受到爱和安全时，大脑发育最为优化。拥抱和安抚能帮助孩子为处理以后生活中的压力打好基础。

◆ 感觉体验是运用视、听、触摸、品尝、闻嗅和移动来刺激神经细胞。这些细胞自孩子出生就存在于脑中，需要通过刺激引发并建立起永久连接。

◆ 蒙台梭利指出，大脑发育是通过孩子探索和操作其所处环境中的事物而逐步“手工”建立起来的。科学证明了这一点：身体活动促进海马体中细胞的产生，而海马体是大脑中对记忆和学习起关键作用的部分。

◆ 词汇量是孩子以后在学校能否成功的关键性预测因素之一。从出生起，婴儿就在学习他们自己语言的发音。说话、阅读、唱歌都能丰富他们的词汇量。

◆ 大脑以可预见的方式发展，但每个孩子及其大脑发育都是独特的。每个孩子都需要父母关注他给出的线索，配合他的节奏，照应他的情绪，并适当回应。

动作技能
当孩子练习动作技能并发展肌肉控制能力时，他们的大脑正在形成永久的神经连接。

蒙台梭利学校的奇迹

蒙台梭利的教育理念到了今天仍然影响深远，并通过蒙台梭利学校在世界范围内得以广泛传播。

被尊重对待和被鼓励尝试新技能的孩子更容易学会自己做事。蒙台梭利认为，感觉到尊重与信任的孩子会比仅仅被溺爱的孩子在情绪健康程度上发展得更好。

蒙台梭利教师分享了一个在教育过程中得出的结论，那就是孩子在学校的成功直接取决于他们有多相信自己的独立能力。小一些的孩子学习倒水、书写字母和算术，大一些的孩子则学习研究技巧、日常信息搜索技巧和进阶书写及数学。当孩子的独立能力发展到一定程度，他们就能建立一套模式，为一生的良好工作习惯、自律和责任感打下基础。

工作准备
在地板上工作时，孩子会用小地毯划分出他们的工作区域。

自由学习

在蒙台梭利学校的课堂上，有一些必须遵守的关于行为和秩序的基本准则。除此以外，孩子们可以自由选择他们希望参与的活动，并且想做多久就做多久。他们可以自由地走来走去，单独或任意几人一起工作。大多数情况下，孩子们会挑选他们感兴趣的工作。当然，教师也会帮助他们选择一些具有挑战性和涉及新领域的活动。当他们完成一项活动后，孩子们会想要把使用的东西放回属于它们的地方。学生们会被教导要管理好自己的小团体，从而培养他们的独立性与领导力技能。

这些方法稍加改造就能适用于家庭环境。如果你能为孩子创造出一个友好而有序的空间，并让他们自由自在地工作和玩耍，那么他们的自信与独立性将会得到极大发展。

干净整洁
蒙台梭利课堂建立了一种秩序感，鼓励孩子们的自律与独立。

在实践中 量身定制的活动

蒙台梭利学校的教具很吸引人，尺寸适合孩子的小手抓握，且为完整的任务而设计。孩子们会因看到他们的“工作成果”而感到满足。

扣扣子

用有布料和扣子的四方框工具练习扣扣子，能让孩子掌握自己穿衣服的技巧。

擦鞋子

孩子喜欢擦亮黄铜制和银制的小物品，然后他们的兴趣会转向擦自己的鞋子。

学习倒水

适合孩子抓握的陶瓷或玻璃小水罐能用来教会他们如何小心地倒水。

字母学习

孩子通过发音来学习识字。他们用蓝色元音和粉色辅音组成的“活动的字母表”来拼写单词和句子。

书写

为了帮助发展手眼协调能力，孩子们需要正确抓握铅笔练习写写画画，使用金属模板把形状描到纸上。

感觉工具

孩子通过将用木头做的大小不同、深浅不一的圆柱体放入相应槽中来发展他们区分尺寸的能力。

从出生 开始

宝宝们天生充满好奇，具有很强的创造力与理解力。除了基本的照料外，尽可能让孩子的世界变得丰富起来，这样有助于他们充分发挥自己的潜能。

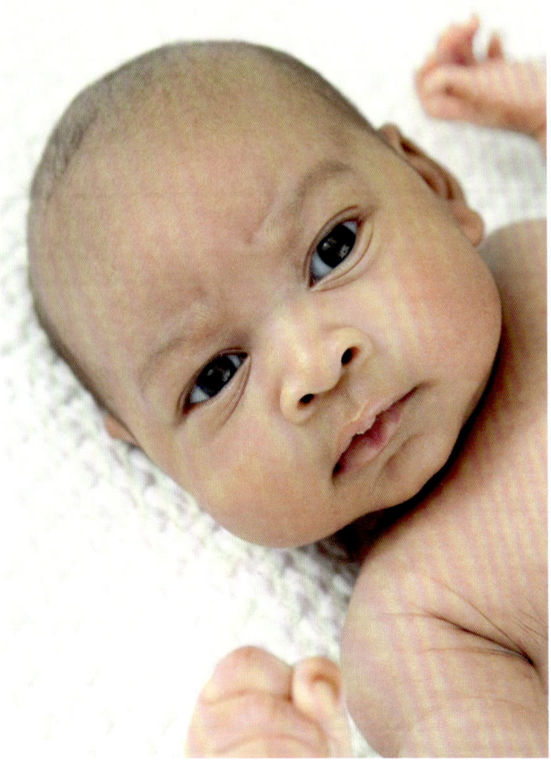

宝宝在很多重要方面都与成人不同，作为一个独立的个体，他与我们同在一个空间，吸收着他所看到、听到、闻到和触摸到的每一件事物，并把这些体验深深记入脑海。当作为父母的我们真正理解这些行为时，我们就更加能意识到，我们做的事、说的话，以及从孩子出生起到之后的几天、几个月甚至几年里允许他们接触的东西会给孩子留下什么样的印象。

温和的出生

曾经有一个时期，并没有多少年以前，宝宝们是在冰冷的医院手术室出生的。宝宝在母亲温暖、舒适而黑暗的子宫中待了9个月，听到的都是模糊的

有吸收力的心灵
从出生的那一刻起，孩子们就感受并回应着他们所处环境的方方面面。

声音，此后，他们便经历了出生创伤，来到了一个灯火通明、环境嘈杂的房间，接触到寒冷的空气，并被粗鲁地对待。我们现在似乎很难想象，医生会拎起新生儿的一条腿，用力拍打着他的臀部让他呼吸，然而这种做法在过去很常见。接下来，脐带会很快被剪断，宝宝会被送到另一个房间称重和清洗，而不是让妈妈与孩子见面并一起休息。

今天，某种程度上要多谢蒙台梭利的影响，更人性化、更专业的手段被引入生产过程。现代的妇产中心和医院采用了柔和的灯光，房间被调到适宜的温度，并播放舒缓的音乐，每个人都低声说话。新生儿出生后会被放到妈妈的胸前休息，在母子充分接触后再进行清洗、称重和检查。当然，需要采取紧急医疗措施的情况除外，如果婴儿在手术室通过剖宫产出生，出生后的照料应放松而从容。

美好的旅程

宝宝达到的每一个身体运动的里程碑都是由他想要有更多体验的需求所驱动的。

“宝宝是一个完整意义上的人……吸收并体验着他看到、听到、闻到和触摸到的所有事物。”

与新生儿建立亲密关系

出生后的前几个小时，是婴儿与父母建立独特亲密关系的敏感期。来自国际蒙台梭利协会（AMI）在罗马的幼儿协助中心的西尔瓦娜·蒙塔纳罗博士认为，“研究表明，母亲给予孩子关怀的程度和质量，与孩子出生后的前几天他们在一起的相处方式息息相关”。

“出生后的前几个小时，是婴儿与父母建立独特亲密关系的敏感期。”

这种联结开始于宝宝被父母拥抱和触摸时身体接触的体验，不久就变成包含亲子之间所有值得称道的健康关系的情感联结。这种联结是双向的。宝宝在父母的怀中感到安全，并对他们的面容、气味、声音留下了深刻而持久的印象；同时，父母往往会陷入对孩子无尽的爱中，这能有力支撑他们度过睡眠不足、需要努力适应自己新身份的头几个月。

爸爸和妈妈应该轮流怀抱和爱抚新生儿，这样才能确保孩子与双亲都建立起亲密关系。你可以将宝宝放在你的膝盖上轻轻拍打他，也可以把他置于你裸露的胸前建立温暖而亲密的肌肤接触。

几乎所有的宝宝，尤其是那些早产或需要医疗护理的婴儿，都对温和的婴儿抚触有着极佳回应。抚触能够让宝宝放松，同时加深你们之间的联结。它也被认为有助于宝宝安睡和消化。有许多可查的书籍和视频都详细演示了抚触技巧并解释了给宝宝抚触的益处。

抚慰与安置

宝宝们很享受来自大人的“儿语”：喔啊声、哼唱声、傻傻的说话声都会引起他们的注意。当然，还有一些被广泛认可的方法，如朗诵诗歌或童谣，轻唱摇篮曲，在摇椅中平和、清晰地朗读，都能有效安抚躁动不安的宝宝。

有些婴儿易受惊吓，容易哭闹，还有一些难于入睡，或者对触摸、光线、声音比较敏感。如果宝宝以这些方式回应你，或对你的话语、歌声不感兴趣，不要惊慌，继续尝试与他建立亲密联系——温柔地触碰你的宝宝，轻声和他说话，尽量减小他身边的噪声，并将光线调暗。渐渐地，他会开始适应周围的环境，并慢慢习惯他所闯入的这个陌生新世界。

YOUR CHILD'S BRAIN

孩子的大脑

最好的育儿方式是与孩子的大脑发育节奏保持一致。婴儿期大脑发育有赖于温暖、感官活动与社交体验。婴儿经过亲密养育，其神经生物学功能发展得更好，有更大的可能获得长期的健康与快乐。

婴儿抚触
温和的抚触能够让宝宝放松，同时加深你们之间的联结。

母乳仍是最佳选择
母乳喂养是宝宝获得营养的最好方式，这一观念被广泛接受。

轮到爸爸了
用奶瓶给宝宝喂食挤出的母乳，意味着爸爸不需要被排除在日常的喂养计划之外。

最好的食物

从20世纪60年代起，婴幼儿配方奶粉的推广和流行让母乳喂养在接下来的几十年中在世界上不少地方显得有些过时。现在，由于人们对母乳的益处有了更深入的了解，以及像国际母乳会这样的组织对相关知识的不断普及，母乳再次被认为是宝宝最佳的营养来源，并在更大范围内被采用。世界卫生组织指出，母乳喂养被证明对健康的益处可以一直持续到成年。

我也非常赞成所有条件允许的妈妈都实施母乳喂养。母乳的确有很多益处：它易于消化，能提供均衡的营养，并包含让新生儿远离传染与疾病的抗体。同样重要的是，母乳喂养的过程有助于妈妈与孩子间亲密关系的巩固。爸爸也可以通过用奶瓶给宝宝喂食挤出的母乳来建立彼此的亲密联系。如果你没有办法做到母乳喂养，你也可以紧紧抱着宝宝，凝视他的眼睛，在人工喂养时轻声安慰他，这样来增强你们之间的亲密关系。

呵护宝宝的肌肤

宝宝的肌肤非常敏感，为了避免刺激皮肤，应该为宝宝准备最好的天然棉或其他材质优良的天然纤维制成的尿布和服装。尽量选择做工精良的服装，避免粗糙的混合纤维制品。永远把宝宝的舒适放在第一位，而不要一味去买那些让他穿起来很可爱的衣服。

另一种可能刺激皮肤的状况是，有些宝宝在出生后头几个月开始用手去探索自己的身体时，总是想要抓自己的脸。我们要做的是将宝宝的手指甲剪短，让他不会刮伤自己，而不要去阻止他的探索行为。接下来，宝宝会想要探索自己的脚，所以也请把他的脚趾甲剪短。

一开始，新生儿可能会享受被轻轻包裹的感觉，以适应子宫外的生活。一两周后，打开襁褓，在室内最好让宝宝的手脚不受束缚，这样他就能自由地踢腿并学习控制自己的手。

婴儿服装
宝宝的服装最好采用天然纤维制作，以避免刺激皮肤。

选择尿布

虽然一次性的尿不湿现在被普遍使用，但我们仍大力提倡父母从宝宝出生起为他们选用柔软的棉质尿布。这样做可能会增加洗尿布的额外工作或清洁费用，但有值得我们坚持的三大理由：第一，一次性尿不湿的广泛使用产生了大量不易降解的材料和未经处理的废物，为城市垃圾填埋带来压力；第二，天然棉对宝宝的肌肤刺激较小；第三，穿着棉质尿布的宝宝更容易感觉湿了，从而有尿尿的意识。这对之后孩子做好自己上厕所的准备很重要（见92～93页）。

睡眠的需求

婴儿需要大量的睡眠。和成人一样，他们通过睡觉让身体得到休息，并让头脑加工整合白天的感觉印象和经验。睡眠对婴儿的身体发展和心理健康都有着极为重要的作用。宝宝在疲劳或累积了过多的感觉印象后，通常会迷迷糊糊地睡去。就在不久以前，宝宝还在子宫内生活，那是一个温暖、舒适、朦胧、昏暗的世界，只有轻微的声音，没有鲜明的界限；而现在，他的世界充满了刺眼的光亮、巨大的噪声、意外的移动和接触他肌肤的陌生事物。当所有这些刺激超过宝宝所能承受的范围，他必然关闭自己的感觉器官，进入睡眠状态。

宝宝在睡觉时不需要被抱着，但他可能希望知道你就在附近。你可能需要在家人经常出入的每个房间内为宝宝放置一条大羊绒毯、一个小的日式床垫，或者一床小褥子，这让宝宝能躺在上面参与你们的活动。宝宝在你身边会感到很舒适，能听到你的声音，看到他周围的动态并表示出兴趣。他可以看看听听，累了的时候就自然入睡。

有一句老话叫“别叫醒睡着的宝宝”，它口口相传了数代，而且有一定的道理。让你的宝宝好好睡觉，在他睡着的时候不要突然或粗鲁地移动他，保持光线的昏暗，并尽量在他身边压低声音说话。

抛弃尿不湿
柔软的棉质尿布对宝宝的皮肤来说更温和，并能减少浪费。

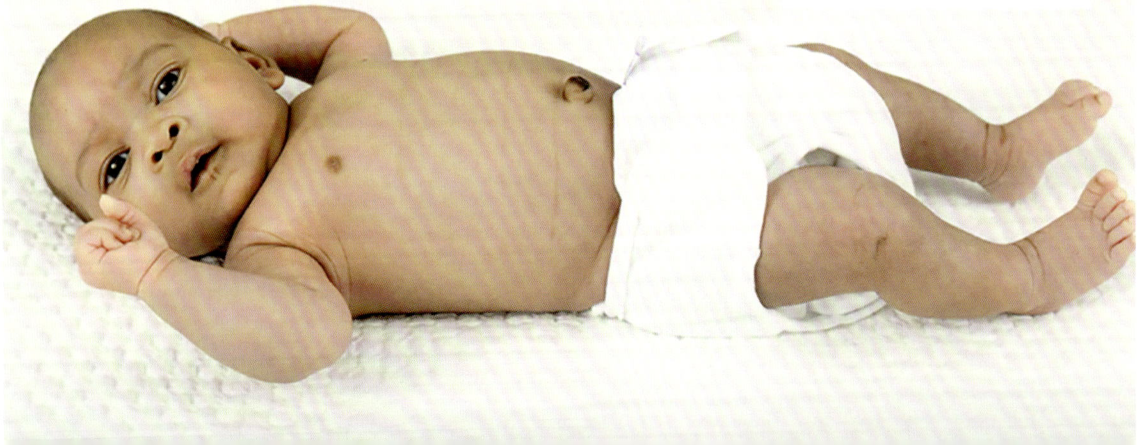

参与活动

让宝宝躺在羊绒毯上参与家庭活动，当他需要睡觉的时候就让他打一会儿盹。

成长中的
宝宝

宝宝在出生的第一年成长变化非常快。花时间回应并庆祝他的每一次新进步吧。

蒙台梭利所提倡的养育宝宝的方法很简单。她认为我们应该：

- 像对待独立的生命个体一样，尊重所有的宝宝；
- 让他们有足够的自由移动和选择自己的活动的可能；
- 创造一个安全的、对儿童友好的环境让他们更容易去探索，帮助他们变得越来越独立。

在出生后1个月左右，宝宝们对自己运动的控制能力还很有限——他们的胳膊和腿会痉挛性地抽动，而且也不能撑起自己的头部，所以我们必须很小心地协助他们。然后，似乎是突然之间，宝宝们发现了自己的手、脚、脸，并被这些深深吸引。

到了3个月大时，宝宝们能趴着抬起他们的头部和胸部。他们会喜欢去抓晃动的物体，用手抓住并摇晃玩具。7个月大时，他们喜欢玩自己的脚趾并伸手去拿东西。这一阶段，所有东西都有可能进入他们口中，也有可能被碰到地下。只要稍加帮助，他们就能坐起来。宝宝们通常能借助他们的手和膝盖匍匐爬行，并在1岁左右时成功地站起来。他们可能会扶着家具向前迈出几步，能短暂地站立，或者在

一个新发现
手会迅速成为小宝宝兴趣和探索的主要来源。

做好动起来的准备
很快，你的宝宝就能学会翻滚并迈出第一步，他正向着好动的方向前进。

你抓着他的手的情况下跟你一起行走。

在2岁时，宝宝会变得越来越好动和能干。你会开始注意到一些信号，表明孩子的独立内在驱动力越来越明显。比如，他会开始自己拿着杯子顺利喝到水而不洒出来，能在别人帮他穿衣服时伸出一只手或一只脚。很快你就会清楚地意识到，即使你的宝宝目前还不能自己满屋子活动，考虑为他以后的便利活动重新设计家中的空间布局将成为下一步的重要工作。

打造儿童
友好型家居

即使是在很小的时候，婴儿和幼儿也应该对家有一种强烈的归属感。

当考虑如何让我们的家布置得更符合蒙台梭利教育法时，我们需要意识到我们提供给宝宝的东西具有重要意义，尤其是宝宝在出生的头三年，他接触和体验的那些东西对他的成长影响尤为深远。幼小的心灵会像海绵一样吸收所有的印象，而在语言发展之前的这一时期，他们的感觉体验就是他们世界的全部。记住以下两点：

◆ 规划你的家，让它能够有助于孩子独立和自信的发展，永远把保障孩子健康和安全放在心中。

◆ 家中设计要能够传达出美丽、有序而平静的感觉。

看看你家中物品的大小尺寸吧。一般情况下，我们使用的家具以及布置家的方式都是以成人为参照的——水槽和厕所，桌子、椅子、沙发和床，这

自由漫步

宝宝为了认识世界，需要自由走动和探索。创造一个对孩子安全的环境，意味着你的宝宝可以无拘无束地进行这些活动。

些都是按成人的高度设计的。可是，婴儿和幼儿的身体都是很小的。在不把你家弄得乱七八糟的情况下，尝试将家人经常出入的房间改造得适应你最小孩子的需求吧！

安全很重要

安全是必须被摆在第一位的，但也要给予孩子活动与探索的自由。你的目标是将家居环境打造得既对婴儿和学步期幼儿来说很安全，让他们能在你的监督下自在活动，而你又不用时刻都担心下一秒会发生什么糟糕的事情。很多父母都过于担心安全问题，这让他们将孩子限制在婴儿与学步期幼儿的专用设备中，如童床、游戏围栏、汽车安全座椅、婴儿座椅秋千、折叠式婴儿车等。一个孩子被限制在婴儿提篮中，然后被放到车座上，接着又被拎到婴儿车里，整个过程中孩子被搬来搬去，却没有任何身体运动和与外界的接触。

某种程度上说，因为安全考虑而限制孩子的做法听起来是合理的，但父母也需要认识到，这样的限制每多1小时，就意味着孩子丧失了一次发展机会。如果给予更多自由，伴着在实践中学习所得的感觉刺激，孩子可能会锻炼出更好的肌肉力量和协调能力。注意每一个细节，打造对孩子来说安全的家，你将可以创造一个让孩子自由活动与探索，而又无须担心的环境。

“安全是必须被摆在第一位的，但也要给予孩子活动与探索的自由。”

安全常识

市场上有很多不同的产品能帮助你把家里布置得更安全。以下是几条需要记住的原则：

- 在不断长大的孩子所能触及的范围内，为所有电源插座设置安全措施。
- 安装安全门和窗户护栏。保护好孩子的卧室、楼梯，以及任何你不想让他进入（或离开）的房间。
- 在地上或所有你的孩子可能够到的地方，整理好或移走所有电线。
- 很多盆栽植物都是有毒的、不能食用的。请移走它们。
- 移走或锁上存放化学物品、工具、刀叉和其他有潜在危险物的柜子。
- 使用保险栓或开启火炉上的保险锁（如果有的话）。做饭时保持锅底架在炉盘上。
- 卫生间同样存在危险（尤其是马桶、吹风机、刮胡刀等）。避免孩子在无人看管的情况下在卫生间进行探索，放置药品的柜子始终保持锁着的状态。

规划孩子的 第一间完美卧室

为宝宝精心布置属于自己的第一间卧室，让它变得井井有条而又妙趣横生，使宝宝一旦能活动就能在其中快乐而安全地探索。

婴儿会从他们周围的环境中吸收一切事物。他们能敏锐地觉察到颜色、图案、声音、质地和食物的芳香。当规划宝宝的第一间卧室时，你会想要为他提供一个充满美丽事物的环境。卧室应该明亮而多彩，干净而有序。有了这些原则在心中，尝试用宝宝的视角来考量整个房间布置吧。坐在地上，你能看见什么？听见什么？宝宝生命的前几周乃至前几个月，一切对他来说都是新鲜而新奇的，所建立的印象也是终生的。选择美丽而做工精致的物品，集中起来放到卧室里吧。

视觉刺激

出生时，宝宝的眼睛只能聚焦于离自己非常近的事物，但他们也能看到并被稍远的事物刺激，尤其当它是运动着的。婴儿最先能看到并本能聚焦的事物之一是人脸。你的存在和与宝宝的互动是视觉刺激的强大来源。日子一天天过去，宝宝对视线所及范围内事物的兴趣日益增长。在婴儿床和尿布台上方挂上能转动的物体，让宝宝能够观察。你可以自己制作小挂饰进行更换，这样能让宝宝不时看到新的东西。

卧室基调
宝宝的第一间卧室应该看起来让人平静，能保持干净而有序，有明亮的图画装饰，能转动的婴儿床铃挂在合适的高度让宝宝欣赏。

感受艺术之美

你可以用图画来装饰孩子卧室的墙壁，记得挂低一些（与他学会走路时的视线齐平）。注意不要挂那种来自电视或电影的过度商业化的卡通形象或场景，可以选择一些有可爱的儿童和动物形象的框架画和海报。在孩子具有高度敏感性的这几年，让他多感受好的艺术与事物之美是很值得的。

音乐价值

音乐应该成为每一个孩子生命中的重要组成部分，让孩子感受各种各样的音乐也具有其真正价值。在宝宝够不到的地方，开辟一个放置音响的空间，播放音乐给宝宝听。挑选音乐时尽可能找旋律简单、能清晰辨认出演奏乐器的，例如笛子、吉他或者竖琴的演奏唱片。用适中的音量播放音乐，不要用大声的音乐过度刺激你的宝宝。

漂亮的玩具

在出生后的几个月，婴儿不需要太多的玩具，拨浪鼓和一两个软的玩偶就足够了。但随着时间的推移，你可能会发现你的孩子积攒的玩具越来越多。事实上，你并不需要购买昂贵的电动玩具，尤其是在孩子还不满3岁时。寻找一些制作精良，能让孩子堆叠、拆装或与其互动的玩具，避免给孩子只会简单重复某个动作，便只能在一旁观看的玩具。因为你需要鼓励孩子参与与玩具互动的体验

第一印象

吸引宝宝的注意并刺激他的视觉，可以在婴儿床、尿布台的上方或宝宝够不到的位置挂上能转动的床铃。

易于接近

低矮的床或置于地上的日式床垫能给予宝宝更多的活动自由。

中，而不是成为在一旁等待被娱乐的观察者。

避开每一家时尚玩具商店中多如牛毛的塑料制品，为孩子挑选一些制作精良的木制玩具。记住，你幼小的孩子正处在形成强烈的感觉印象的敏感期。塑料玩具尽管不容易被弄坏，并且相对便宜，但不能像那些结构精美的木制玩具一样吸引孩子，容易被孩子随意对待。我们的目标之一是在早期慢慢培养孩子对美丽事物的欣赏之情，同时建立一种秩序感。

与其使用一个大的玩具箱装玩具，不如将玩具用一个个小篮子盛好，整齐地摆放在架子上。如果一个玩具由很多小部件构成，记得把它们装在同一个篮子里。

婴儿与学步期幼儿的床

相对于婴儿床，你可能更需要考虑将放置在地上的小型日式床垫或空气垫作为宝宝的第一张床。当你的孩子会爬以后，这种低矮的床的高度正好适合他爬进爬出。如果你能够完全杜绝安全隐患，那么让宝宝这样自由探索他的卧室要比把他限制在小床里有趣得多。孩子的整个卧室都可以变成一个安全的游戏区域——你所要做的就是在门口安装一个门栏，将所有电源插座设置安全措施，并仔细考虑当孩子还小的时候在卧室里摆放些什么东西比较合适。在宝宝的床上铺好床单和毯子，当孩子至少1岁后再逐步添上枕头和床罩。

使用具有防水表面的低矮日式床垫替换传统的尿布台也是出于安全考虑——不难想象，一旦宝宝能够四处移动，他从尿布台上掉下来的风险将大大增加。

整齐的玩具

把孩子的玩具用一个个小篮子盛好，放在他能很容易够到的架子上，而不要一股脑儿全放到看不见玩具的玩具箱里。

为成长中的孩子
改造你的家

当你的孩子变得越来越独立而忙碌，尝试将他的活动纳入家人聚集的所有地方。

在保障孩子自由发展的情况下，年幼的他们可能有制造混乱的倾向，但他们也对井然有序的环境有着极大的需求与热爱。尝试把你的孩子最常待的房间布置得易于他维持整洁、有条理地摆放。这对他的个性发展会产生惊人的影响。

在客厅

客厅、会客室、起居室、家庭娱乐室——不管你叫它什么，它就是家人们常聚在一起的房间。布置它的时候要考虑到你的孩子。客厅应该设有敞开的架子，孩子能将他的书和玩具整齐而漂亮地摆放在上面。注意避免一次摆出太多的玩具和书。你可以让孩子将玩具分成3套或更多：最喜欢的一直摆在架子上，其他几套则轮流摆出来，大约一个月。

按孩子的尺寸定做一套桌椅，让他能够进行整理活动。选择的家具应该具有合适的高度，这样孩子在阅读、书写和工作时才能保持良好的姿势。用一个篮子装上几条小毯子，如果孩子选择在地上玩玩具，可以把毯子铺开来界定他的工作区域（见85页）。

在厨房

如果可能的话，当你的孩子大约2岁的时候，为这位小厨师在厨房里开辟一块空间，放置一张按儿童尺寸打造的工作台。用底层抽屉来装刀叉和汤匙，用低矮的架子来放儿童碗碟、玻璃杯和餐巾纸。把冰箱的最底下一层留给你的孩子，你可以在这儿存放小水罐、切片水果和他可能会用来制作零食的原料。用防摔的塑料容器来装花生酱、果冻、午餐肉和涂抹酱。2岁的孩子已经能够打开冰箱，取出他自己的零食或装在杯子里的冷饮了。稍大一点儿的孩子还能从罐子中倒出果汁，并制作自

儿童友好的空间
敞开的架子和用来储存的篮子能让孩子自愿维持环境整洁。

厨房手工
在厨房里布置一个适合儿童尺寸的工作台，能让孩子在你身边工作和玩耍。

增高的物品
孩子需要够到水槽——确保卫生间内用来垫脚的物品坚固可靠。

己的零食（见107页）。现成的零食，像酸奶和芝士之类，可以购买独立包装的小份，储存在冰箱的这一层。

在卫生间

环顾一下你的卫生间，看看怎样改造才能让你的孩子更加便利地使用它。孩子应该能够接触到洗脸池，打开水龙头，在没有帮助的情况下拿到他的牙刷和牙膏。应该有专门的地方放置孩子的毛巾和洗脸帕，让他能很容易够到。很多父母会为孩子准备卫生间踩凳，但如果凳子太小、不稳，则无法提供安全、舒适的站立空间。如果可能，建造或购买一个15厘米～20厘米（6英寸～8英寸）高的稳固的平台，把它摆放在马桶和洗脸池之间。

在玄关

将玄关打造成儿童友好型，为孩子提供低矮的长凳，让他能整齐摆放用衣夹夹好的每一双鞋子，并将挂衣钩设置在他能自己取下衣服的高度。

在卧室

当你的孩子长到2岁，你可以让他继续睡在日式床垫上，或者为他买一张离地很近的矮床。这能让你的孩子方便而安全地自己上下床，并让他有种独立感。只要孩子超过1岁，你就可以允许他在床上使用床罩和睡袋来代替床单和毯子，这能让他每天早晨铺床时少费些力气。

除了为孩子提供符合儿童尺寸的家具，还要确保你的孩子能毫无障碍地够到门把手和电灯开关。为了让孩子能独立地开关灯，你可以将电灯开关进行改造——连上延长器。延长器在平常的五金店都能买到。

按一定的原则规划孩子的卧室，同时注意将卧室布置得符合他的个性和目前的兴趣。除了玩玩具的区域，也要准备一个能开展有序的艺术活动的桌子，作为进行绘画、折纸或贴贴纸的地方。在墙的低矮处挂上一个布告牌，这样你的孩子就能将自己最满意的艺术作品钉在上面了。小架子和桌子也能成为不错的展示区域。

音乐应该成为每个孩子生活的重要组成部分。在卧室放置一个可以播放喜欢的音乐和歌曲的播放器，并手把手教会孩子如何小心而正确地使用它。

将一块结实的胶合板放在矮桌上，能为孩子提供理想底座，搭建满是建筑、人群和动物的现代小镇或农场模型。

有序的玄关

可以方便够到的挂衣钩和易穿脱的鞋子能让你的孩子学会自理。

有序的环境

当每一件东西都有它指定的位置时，你的孩子就能很容易地维持他房间的有序摆放状态。

避免混乱的摆放。将包含许多小组件的玩具收纳在合适的容器里，比如有盖的塑料盒子或小篮子。参考一下我们蒙台梭利教室中的架子摆放（见20～23页），并尝试同样的布置。将积木放在带提手的鲜艳而结实的帆布袋里，缝上尼龙搭扣，让袋子能紧紧合上。这样一来，外出时你能很方便地拿起袋子，将它带在身边。

在实践中 卧室设计

一个容易拿到所有物品且井井有条的房间有利于培养孩子的独立性、对所有物的关注与尊重，以及打理自己空间的责任感。

开放式存储空间

小篮子很适合存放有很多零部件的玩具，而且便于孩子自己整理。

铅笔盒

把铅笔削好并存放在盒子里，让孩子能很容易地拿取和携带。

自然陈列馆

开辟一块空间作为大自然的小小陈列馆，孩子可以把他从大自然中找到的东西都集中放在这里。

篮筐

相比五斗橱，更合适的布置是安装一个低矮的单元架，能放下收纳袜子和内衣裤的小篮筐。

低矮的架子

将玩具存放在低矮的架子上，并设置一个轮换机制，让孩子不会同时间要玩所有的玩具。

衣帽架

在墙上装一个低矮的衣帽架，让孩子能很容易地自己取放他的外衣、帽子和长袍。

循序渐进　画一张画

画画不一定非要弄得家中一团糟。设置一个艺术角，溢出的颜料可以被抹去，绘画工具整齐地摆放，并设定一套步骤，让孩子每次画画时都遵守。

第一步

弗莱德穿上他的塑料工作服，铺好报纸，将颜料挤到了广口杯中。

第二步

经过一些练习，弗莱德已经可以把画纸用夹子固定在画架上了。

第三步

弗莱德让颜料从画刷上滴下来，并在开始画画前将蘸着颜料的刷子在杯子边沿刮了刮。

第四步

画完后，弗莱德用衣夹把画夹在了晒衣架上，将颜料盖好，并冲洗了画刷。

艺术与手工区域

很多父母都热切地鼓励孩子发展创造力。在家中设计一个艺术与手工区域，相信每个有孩子的家庭都能从中受益良多。这个区域可以在厨房的一角、孩了的卧室，也可以在走廊上——任何你觉得舒服的、能让孩子随意使用诸如颜料和粉蜡笔等容易溢出和弄脏其他东西的美术用品的地方都行。你可能希望选择有瓷砖地板的区域，这样能比较轻松地清除污迹；你也可以在地上铺一张大的塑料罩单或垫子。

在此区域放一个画架用于绘画，以及放一张覆盖着可清洗桌布的桌子用于素描、手工和泥土游戏，也是很棒的主意。放置一个单元架，架子的高度要在孩子能够到的范围内，用它来摆放孩子的美术工具、画笔、画纸等。你可能需要添置一个独立的晾衣架，这样你的孩子可以将他画好的画用衣夹夹在架子上晾干。当艺术与手工区域布置好后，教会孩子如何每次都按照相同的步骤开始在此活动，以及活动完如何进行清理。

在条件允许的范围内，为孩子提供最好的美术工具——颜料、画笔、素描铅笔、蜡笔、画纸等，并教孩子如何正确使用它们，且在不使用这些工具时如何适当保管它们。根据孩子的年龄，你需要准备的东西可能包括可清洗的白板笔、蜡笔、胶水、画纸、碎布，以及可二次利用的日常家庭用品——用来制作拼贴画。孩子的美术工具可以整齐地存放在分开的塑料容器中。你可以将蛋彩画颜料调好后放在盖好盖子的塑料容器里保持它的新鲜，把橡皮泥分开放在密封的小罐子里防止不同颜色互相沾染及变干。买一个好用的卷笔刀，并教会孩子如何安全地使用它削铅笔。

艺术鉴赏

鼓励孩子将自己的作品展示给家人看。冰箱是一个历史悠久的家庭“画廊”，你可以将孩子最喜欢的作品贴在显著位置。你也可以买一些简易的装裱框架，帮你的孩子裱好他的作品，并挂到家里的其他地方。经过适当装裱，孩子的作品看起来会大不相同，且能够得到尊重。注意定期更换上他的新作品。

观察并跟随
你的孩子

作为父母，我们常常觉得需要指导我们的孩子，但蒙台梭利认为，事实恰恰相反，我们应该跟随他们的脚步。

做笔记

在日记本里记录下孩子最喜欢的活动，这能帮你追踪他的技能发展情况，了解他的兴趣点是如何转移的。

你会花多少时间观察你的孩子？这里的“观察”不是指你在做其他事情的时候心不在焉地看上孩子几眼，而是指你在较长的一段时间内完全将注意力集中在孩子身上。要在家实践蒙台梭利的教育原则，没有比坐在一旁观察你的孩子在看什么、说什么、做什么更好的方式了。只要愿意花时间给予孩子必要的关注，你会发现孩子能告诉我们很多他的需求和兴趣。

如何观察

你会发现，准备一个笔记本或日记本来记录你的观察很有用。此外，要留出固定的时间段来观察你的孩子。坐在感觉舒适并靠近孩子的地方，这样就能很方便地看到他，听到他说话，并知道他在和哪些小孩子玩耍。不时记下你所观察到的现象——这会累积成为关于孩子不同年龄行为的有趣记录，并帮助你注意到孩子特定阶段会出现的行为模式。尝试理解你的孩子行为背后的含义。当你发现孩子对新事物着迷时，想想怎样的新活动才能满足并扩展他的兴趣。

观察什么

记住，和孩子在一起，你唯一能确认的就是：日复一日，他们的喜好、兴趣、能力会随着成长而以不可预知的方式发生变化。每当观察你的孩子时，尝试忘记过去的经验或观念，关注当下，关注现在正在真实发生的事情。

当孩子在玩耍时，注意他挑选了什么样的玩具。他是如何使用它们的？他是想独自玩儿还是和其他人一起玩儿？随着时间的推移，你发现什么规律了吗？观察你的孩子是如何在屋子里爬来爬去的——他是安静而优雅地移动，还是会发出噪声并有破坏性行为？在家里有没有一个房间是你的孩子特别喜欢待的？你能确认那个房间里特别吸引他的是什么吗？

当你的孩子进食时，注意他最喜欢什么。他能成功喝水而不溢出，熟练使用刀叉和汤匙，并有着很好的手眼协调性吗？你的孩子在进餐时间会有什么样的表现？这个时间他会特别喜欢和你说说他今天的经历吗？

当你进行观察时，在打扰孩子正在做的事情前请三思。这项练习的目的在于从观察孩子正在做的事情中受到启发，而不是打断并纠正他的行为。

你的任务

观察孩子是如何在屋子里爬来爬去进行探索的——是安静而谨慎地移动，还是会发出噪声并爬得很快？

2

通过感觉发现世界

简单的气味
给孩子机会享受花香带来的愉悦感觉。

建立
感觉意识

有句话叫“孩子从生活中学习”，从根本上说，蒙台梭利也有着相同的看法。

我们已经说过宝宝是如何从出生的那一刻起就开始通过他们的感觉来与身边的世界互动的。蒙台梭利认为，我们可以以此为基础，鼓励婴儿和幼儿更为细致地关注外界事物，用他们的所有感觉——视觉、听觉、触觉、味觉和嗅觉来探索一定范围内事物性质的细微差别。通过日常生活小事或特定的感觉活动创造机会吸引孩子注意力，锻炼孩子的感觉能力，可以极大地增进他们的感觉意识。

使大脑变得强大

从孩子出生到6岁，发展感觉意识的练习对他们来说尤为珍贵，因为这是神经系统迅速发育的时期。我们要求孩子注意和辨别不同事物的性质，以这样的方式刺激他们的感觉，相关信号会从神经系统传到大脑，然后传回。这样的情况发生得越多，大脑中的神经通路就会变得越强大，因为大脑接收到了其正常运转必不可少的重要刺激。要学会在以后的生活中怎样学习（吸收、综合并应用知识），关键在于幼年时期大脑是否被适当“连线”。

触觉探索

简单的木制拼图的迷人之处在于能唤起所有孩子对于事物形状的关注。

宝宝如何体验他们的世界

在最初的几个月，宝宝越来越多地用看、听、摸、尝、闻的方式探索周围环境中的几乎所有事物。

孩子的感觉教育开始于他出生后，你第一次将他抱在怀中的时候。当他闻出你皮肤散发的芳香而感到安慰；当他看到、听到并闻到周围的所有事物；当他娇嫩的肌肤触及衣料；当他的舌尖第一次尝到固体食物的味道——这些经历都不断丰富着孩子的感觉体验。

在生命的最初几年，宝宝是敏锐的观察者。他看到的所有事物都会在脑海中留下印象，刺激着大脑和神经系统的发展，并影响其安全感的形成。

“孩子的感觉教育开始于出生后你抱着他的时候。”

敏锐的视觉

我们可以挑选对宝宝有视觉刺激作用的事物来装饰我们的家居环境。这也能让我们了解婴儿的视觉是如何发展的。

宝宝从出生到1个月左右，他们的眼睛大概只能聚焦于大约30.5厘米（12英寸）以内的事物。如果近距离观察，你可能会发现宝宝的眼神有些飘忽不定，有时还会与你的视线错过。在所有能看到的事物中，他们对人脸的反应最为敏感，尤其是父母或其他主要照顾者的脸。他们还分辨不出精细的颜色和形状，但有着清晰形状和强烈对比度的事物，特别是黑、白色事物，能极大地吸引其注意力。

宝宝大概3个月时，开始能够看清更远一些的事物。他们能专注地观察人脸，眼睛也能追随移动的物体。现在，他们能够认出远处熟悉的人和事物，并开始去抓他们能看到的东西。大约7个月时，宝宝的全色彩视物能力和相当成熟的远距离视

感觉的开始
触摸、聆听和闻嗅妈妈，标志着孩子感觉教育的开始。

看与学

在生命的最初几个月，年幼的宝宝渴望用眼和手来探索。

物能力已经得到充分发展，能用眼睛轻松追踪移动的事物。

你可以用各种各样的方法来帮助孩子发展视觉感知力。和你的宝宝讲话，同时与他进行直接的眼神接触，注意他是如何回应的；和宝宝一起观察事物，并说出你看到的东西。能缓慢旋转的挂饰为宝宝呈现出不断变化着的、有趣的移动场景，你可能需要在房子里布置两三个，并偶尔替换它们，以营造出新奇而令人愉悦的新景象。

音乐的影响

听音乐是重要的感觉体验之一。你可以有很多方式向宝宝介绍音乐。一些父母在怀孕期间就开始给肚子里的宝宝唱歌和听音乐，觉得他们未出生的宝宝能听到声音和节奏，就像我们自己能在水中听到声音和节奏一样。

在早期，婴儿和年幼的孩子毫无疑问能吸收听音乐的体验，并将其作为外界环境的持续刺激而存储在脑海中。从你的宝宝出生起就对着他说话和唱歌吧！旋律和摇篮曲很重要，能成为孩子根深蒂固的童年记忆。你在孩子的房间所放的音乐的声音和节奏，以及当孩子长大一些后开始学习的那些熟悉的歌曲的歌词，都将为未来的音乐教育打下基础。

音乐也被认为与大脑中主管数学和图形认知的那部分区域的发展直接相关。换句话说，音乐不仅能增强孩子的艺术敏感性，而且对他们的大脑发育有着切实的贡献。

从手到嘴

从第一次吃奶开始，宝宝的嘴就成为他探索与获得快乐的来源。添加辅食对宝宝的意义绝不仅仅只是开始尝试固体食物——在探索食物的味道与质地的过程中，每一种新的食物都会激起他无限的兴趣与兴奋之情。随着宝宝的成长，他会把所有能够到的东西都直接放进嘴里。

掌握好平衡

很快，你的宝宝就能拿起物体并感知它们的重量、质地和温度了。他会用自己的手、眼、耳、嘴、鼻来研究他遇到的所有事物。1岁时，你的孩子会变得更加好奇，也更能集中注意力，对观察或检视引起他兴趣的东西有着无限的耐心。

避免过度或过少刺激孩子是非常关键的——宝宝们很善于向我们表达他们的感受。过多的刺激会让他们感觉到压力，并想睡觉。而太少的刺激同样会让他们昏昏欲睡。理想状态下，我们需要掌握好其中的平衡。

YOUR CHILD'S BRAIN

孩子的大脑

声音在胎儿期就能被感知——尽管大多数到达子宫的声响都含混不清，妈妈的声音却能通过其身体清晰地在子宫回响。研究表明，相较于在婴儿出生后播放的歌曲和音乐，在孕25周之后有规律播放的歌曲、音乐更能引起婴儿强烈的反应。

尝起来不错

6个月时，你的宝宝能够到的所有东西似乎都会被他放进嘴里。

篮子中的宝藏

在你的宝宝周围，是一个充满着各种等待被发现和探索的事物的奇妙世界。

一旦你的宝宝能够坐起来并抓稳东西，他会很乐意探索“宝藏篮子”里到底有些什么东西。宝藏篮子可以是一个浅底的篮子或结实的盒子，里面装满有趣的日常生活物品和来自大自然的事物。这些东西会被年幼的孩子触摸，并很可能被放到嘴里，所以必须大到他们吞咽不下，同时没有锋利的边缘及其他可能伤到孩子的地方。大一点儿的学步期幼儿也会喜欢这样的篮子——只要里面不断有新的事物补充，你可以藏一些东西在小盒子里引起他们的兴趣。

篮子里面有什么

一个宝藏篮子里的东西应该给宝宝带来发现的惊喜与探索的奇妙感觉。收集50～100件物品，每一件物品都要具有不同的特质：形状、颜色、质地、重量和气味——请你为此充分发挥想象力，并运用常识。你或许会想在里面放上诸如钱包、胡桃壳、松果、刷子、羽毛、银铃、光滑的石头之类的东西。不同于成人对视觉的依赖，婴儿和学步期幼儿通常会调动他们所有的感觉。或有着鲜明的视觉形象或特别的表面质地，或有着独特的芳香气味，或触摸起来觉得凉爽（比如石头），或移动的时候会发出声音，这样的物品尤其吸引孩子。对孩子而言，所有东西都是新鲜而令人兴奋的发现。

孩子们会长时间地探索篮子里的宝藏，乐此不疲：持续半小时的情形并不罕见。请记住，这样的活动对婴儿来说是非常强的刺激，所以最好在他们休息充分、意识清楚时进行。当孩子初次探索篮子时，你最好不要说话，只要选择一件物品，仔细将它检查一番，然后放回篮子即可。你的孩子可能在你把物品放回篮子后迅速抓起它，或者他会选择另一件完全不同的物品。放手让他自己去探索，孩子会喜欢我们陪伴在他们身边，但并不希望我们常常干涉他们的活动。

发现宝藏

篮子中的宝藏让孩子着迷。他们会一次次将找到的东西放回去再发掘出来。

在实践中 用手把玩

宝宝喜欢探索有质感的物体，而不是那些塑料玩具。宝藏篮里的玩具应选择能给孩子提供理想的颜色、材质、声响和气味的玩具。

把玩宝藏

一个迷人的物品往往有特别的吸引力，能变成孩子最为珍爱的宝物。你的孩子会不断地拿起它，了解它的性质。

尝

吮吸是宝宝从出生起获得满足的一大来源，所以做好篮子里的东西都会被他放进嘴里尝一遍的准备。只要东西是干净、平滑而安全的，你就没有必要限制他的探索——宝宝自己会判断什么尝起来不错，什么尝起来糟糕。

触摸

具有独特形状或特殊表面质地的事物，像松果，会格外迷人。固体玻璃制品和抛光的卵石摸起来凉凉的，很有趣，不像塑料玩具，摸起来感觉都一样。

看

具有鲜明对比的物品在早期宝宝视觉发育时很重要，但现在他已经拥有了成人般的敏锐度。他能欣赏自然的颜色、细微的差别和复杂的形状。一个简单的日常用品，如糕点刷，就能引起宝宝极大的兴趣。

听

把豆子和种子装在小小的密封瓶子或罐子里摇一摇，会发出有趣的声音，就像小铃铛或纸张在紧紧系着的拉绳袋里破裂发出的声音。金属链子、珠串和量匙晃动时接触其他物品也会发出声音。

探索

当孩子厌倦了探索宝藏，还有一个手感特别的篮子可供把玩。感兴趣的宝宝可能会花20～30分钟来探索宝藏篮本身——让他自己决定什么时候停止。

闻

你的宝宝有着高度发展的嗅觉，会喜欢篮子中一些被精心挑选的事物的气味。尝试把药草袋、薰衣草香囊和柠檬放入篮子。或者将有气味的糖果、香草豆荚或咖啡豆装入盐瓶。

适合作为宝藏的物品建议

买一些新的家用物品放到宝藏篮里，使用前记得洗干净。

- 金属：栓子和链条，铃铛，量匙，手动打蛋器。
- 天然物：松果，海绵，牛油果，羽毛，大鹅卵石，贝壳。
- 木头：勺子，木制的蛋，糕点刷，积木，鞋刷。
- 玻璃：鸡蛋杯，调味品罐，盐瓶，小镇纸，珠串。
- 织物和皮革：缎子和丝绒带子，毛线球，小钱袋，丝巾，毛绒球，钥匙包。

避免选择这些物品当宝藏

- 小到吞咽下去后有窒息危险的物品
- 边缘锋利的物品
- 有线头或碎片的物品
- 任何放到嘴里可能有害的东西
- 由会脱色的材料制作的物品

有助孩子认知的 感觉活动

开发孩子感觉意识的练习能够帮助他们在以后的生活中更充分地欣赏周围的世界。

继续促进孩子感觉的发展很重要。我不认为我们能够通过感觉意识训练直接完善他们的感觉，但我相信我们能帮助孩子学会从更深层次感受他们所看、听、摸、尝、闻到的事物。在蒙台梭利课堂上，有一整套课程是专用于感觉意识训练的。

从最简单的层级开始，这套练习会要求孩子找到在某个方面完全一致的两个事物，例如在高度、长度或宽度上相同。其他练习则会让他们找到重量、气味、味道、温度或声音完全相同的两个物品。到了高一些的层级，孩子们会被要求按事物某个方面的顺序摆放一系列物品，如按长度、高度、颜色、形状等。他们觉得拼图和游戏有趣，是因为这些活动的难度正好属于有意义的挑战——既不会难到让孩子觉得无从下手，也不会简单到孩子觉得索然无味。同样，还有词汇课，孩子能够在课上熟练掌握从几何形状到熟悉的动植物的所有名称。当孩子学会物品的正确名称后，这些事物本身就有了新的意义。

本章提到的活动要比蒙台梭利学校教学中的简单，但基于同样的原则。许多需要用到的道具都能在家制作，或从蒙台梭利教具供应商处买到。

“感觉练习的难度正好属于有意义的挑战。”

吉他女孩

当拉扯和弹拨吉他弦时，伊莫金试验着它们所能发出的不同音调。

颜色编码

将一把纽扣分类是令人愉悦的感觉活动，能刺激视觉和触觉的发展。

混合纽扣

你可以增加任务的难度，混入不同大小和形状的纽扣，或由不同材料做成的纽扣，如骨头、木头和金属。

颜色、形状和大小

很多主要刺激孩子视觉的游戏活动都会同时要求孩子运用其他的感觉。

物品分类（2～5岁）

按形状、大小、颜色或其他物理性质来将物品分类是一项有益的活动，能让年幼的孩子高度集中注意力在任务上，并做出一些逻辑选择。你需要为活动收集几类具有不同形状、颜色和大小的吸引人的物品。你选择时要特别留意物体的大小，防止幼儿吞下它们，或将它们放到鼻孔、耳朵里。一套不同形状和颜色的积木就很适合学步期儿童。

纽扣分类对三四岁的孩子来说是一个很好的分类范例活动。从裁缝店买一些纽扣回来，或从你的缝纫盒里（如果有的话）挑选出4组以上不同类型的纽扣。将所有纽扣混合到一个大碗里，然后教你的孩子如何选出一粒纽扣，将它放到另一个稍小一点儿的碗里，然后找出其他和它类似的纽扣。

搭积木（1.5～3岁）

有一项很不错的锻炼孩子视觉的感觉活动，是用由大到小渐变的一套木质积木来搭建高塔。找一套这样的积木或用能由大到小嵌套的套杯，可以搭建出令人满意的高塔，并让孩子在玩耍之后整齐地存放。孩子能在此过程中学到诸如大和小的概念。在蒙台梭利学校，我们会教3岁左右的孩子使用一套有着10个精确分级的积木块来搭建粉红塔。

循序渐进　搭建粉红塔

这套积木只有一种颜色，因此孩子可以把所有注意力都集中在大小的辨别上。这10个立方体严格按边长逐一递增1厘米的变化区分，让孩子很容易认出哪个应该放在哪个的后面。

第1步
把整套积木放在一块小地毯上，劳伦寻找着最大的那块积木，双手将它放置好。

第2步
积木塔有自身的纠错控制：如果看上去叠得不对并摇晃，就需要重新想想怎么搭建。

第3步
劳伦用一只手拿起了较小的一块积木，这给了她关于这块积木大小的肌肉印象。

第4步
漆好的平滑表面让积木很容易堆叠，劳伦看着她的积木塔越来越高。

第5步
搭建变得越来越有挑战性了。劳伦非常小心地不碰到塔身，准备将最后一块积木叠放在塔的上方。

第6步
劳伦小心地把最小的一块积木放到顶端，她的粉红塔搭建完成了。

木制拼图
选择有简单的挖空形状的拼图，每块拼图上都要有小把手，刚开始时每次给孩子一块。

几何形状堆叠（2～4岁）

这类玩具的形式各种各样，但基本上都有1个或以上的轴心和相应套数的零件。当零件被打乱后，孩子的任务就是找到相似的零件，如方形、八角形或圆形等。然后，他需要找到一套零件中最大的那个放到轴心的最底下，再继续堆叠，直到所有的零件都按顺序排好。如果顺序有误，你的孩子应该能够自己发现，因为当大的零件套在小的零件之上时，看起来会很突兀。

简单拼图（2～5岁）

简单拼图是一种有着悠久历史的儿童玩具。请为孩子准备有着有趣图案的木头做的拼图，避免选择用硬纸板做的或不能将每一块零件都纳入框架的拼图。如果你的孩子小于3岁，请确保每一块拼图上都有供抓握的比较大的把手。压制你想自己动手帮助孩子拼好的冲动。

颜色板配对（3～5岁）

蒙台梭利学校会运用一套准备好的涂满各种颜色的小木板来帮助孩子区分主要的与辅助的颜色和色调，同时让孩子掌握用来形容每种颜色和颜色深浅的单词。你可以在家让孩子进行同样的练习，从商店搜罗一些现成的颜色板吧。

你可以制作3套颜色板，所有的木板都要大小相同，而颜色不同。小一点儿的孩子可以从只有6块色板的那套开始。6块色板分别为2块黄色、2块红色和2块蓝色。让你的孩子把相同颜色的色板配对，并学习这些主要颜色的名称。

当孩子掌握了这些后，拿出第二套有11对颜色的色板：黄色、红色、蓝色、绿色、橘色、紫色、粉红色、棕色、灰色、白色和黑色。让你的孩子配对并学习这些颜色的名称。到更难一些的层级，可以用第三套有9种颜色（黄、红、蓝、绿、橘、紫、粉红、棕、灰），每种颜色包含7种不同深浅的色板让孩子学习按由浅到深的颜色来分类排列。当所有的色板都按序呈现时，会展现出非常美丽的颜色。

还有很多方法能让这一活动更具挑战。比如，让你的孩子找出与房间中某一物体颜色最相近的那块色板。或者从第三套色板中拿出一块给孩子看，然后要求他按记忆指出比这块色板浅一级或深一级的色板。再如，告诉大一点的孩子如何在已有颜色中加入一点儿白色或黑色颜料，调出浅一点儿或深一点儿的颜色。从纯色开始，一点点加入白色颜料调试，可以画出颜色由最深到最浅的一系列渐变，就像色板所展示的一样。黑色颜料也可进行相同操作。

找相同纸牌游戏（3～5岁）

这个游戏能帮助孩子发展他们的视觉记忆和图案识别技能。你可以从玩具店中买来各种各样版本的纸牌，也可以自己制作。如果要自己制作一套纸牌，首先需要按标准纸牌尺寸裁剪出16张薄纸板或卡片纸。然后按两两相同的原则，画出或裁剪出8对不同的几何形状，也可以使用动物图片。接着将形状或图片粘在每张卡片上。这样你就拥有了8对共计16张大小一样、图案不一样的纸牌。

玩游戏时，将纸牌打乱，然后图案朝下，按4排每排4张摆出方形纸牌阵。第一个游戏者翻转两张纸牌，然后每人轮流翻一次。如果图案一致，游戏者可以保存这一对牌；如果图案不一致，游戏者须将两张牌再翻回去。游戏者要尽可能记住每张纸牌的位置，这样才能增加下次翻到相同图案的概率。直到把所有纸牌都配好对，游戏结束。

当孩子能够较为适应这个游戏时，你可以换一套新的有着不同设计或图案的纸牌，也可以加大游戏的难度，加入更多对纸牌并不按行列整齐摆放。

纸牌配对

找出图案相同的一对纸牌，是对记忆力和注意力集中度的考验。

豆子瀑布
豆子从长柄勺落到碗里会发出令
愉悦的声音。

声音

随着你的孩子不断长大，他的听觉也在不断发展，开始能够分辨不同的声音，并准确找到声音的来源。

干燥的豆子（1.5~4岁）

找一只用厚重的陶瓷或玻璃做成的大沙拉碗，装半碗干燥的豆子。干燥的豆子是不错的选择，因为它们足够大，不容易进入孩子的鼻孔或耳孔，而且落到碗里会发出令人愉悦的声音。给你的孩子一把小小的长柄勺，教他如何舀起一些豆子，再将勺中的豆子重新倒入碗中。即使很小的孩子也可以做这项活动。当他们抖动握着勺子的手倾倒豆子时，豆子会随之落下并发出有趣的声音。如果孩子撒了一些豆子出来，教他怎么拾起这些豆子并放回碗中，并向孩子强调将所有豆子收集回碗中的重要性。不要惊讶于一开始豆子可能会四处撒溅，用耐心而亲切的语言告诉孩子捡回豆子的正确方法。

铃声配对（3~5岁）

这项活动需要搜集8对以上的铃，而每一对的铃声是相同的。因为铃的外形可能有所不同，你的孩子需要闭上或蒙住自己的眼睛来进行这项活动。你很有可能会找到两种类型的铃：一种是带手柄的，另一种则是通常缝嵌固定在如服装、马具等物体上的，无手柄。第二种铃对年龄较小的孩子来说使用难度太大，当孩子用手抓着它时，铃声会被抵消不少。你可以在这样的铃上系一条缎带来解决问题。你的孩子可以用一只手拿起缎带并摇晃它，或者用另一只手敲击它以发出铃声。

让你的孩子摇摇一个铃，然后将它放在一旁。接着，让他拿起另外一个铃来摇，看看是否发出同样的声响。他可能会想再听听第一个铃的声音，以此来唤起记忆。如果第一次尝试配对的铃发出的声音并不一样，他会选择第三个铃来听听是否和第一个铃的声音相同。当他找到相同的铃声后，可以将两个配好对的铃摆在一起放到旁边。然后，他会从剩下的铃中再选择一个，并重复上述步骤，直到将所有的铃都配对成功。

摇铃

让孩子闭上眼睛，将所有注意力都集中在铃声上，有助于进行铃声配对。

发声圆筒（3~6岁）

另一个帮助孩子发展分辨声音能力的练习需要用到一套能发出声音的圆筒。你可以从家里找出任何木头、塑料或玻璃容器来制作这套发声圆筒。容器必须是不透明的，让人看不到里面装了什么，而且要装入不同的东西，使人在摇晃它们时会发出清晰而独特的声音。你可以把用来装婴儿食品的小玻璃罐内壁涂上颜色，或者衬上彩色纸，这样容器就变得不透明了。

你需要把6个容器涂上一种颜色，然后把另外6个涂上另一种颜色。将每对玻璃罐（每种颜色1个）内装入一些摇晃或震动时会发出有趣声音的东西（干燥的豌豆、黄豆、米粒、沙子等）。孩子会尝试将发出同样声响的绿色圆筒和粉色圆筒一一配对。在蒙台梭利学校，成套的6个相同颜色的罐子会被保存在涂有同样颜色的带盖盒子中。

“渐渐地，孩子们会发展放松和聆听的能力，并享受安静。”

安静游戏（2~6岁）

在现代社会，安静几乎是一种非常难得的状态。安静是一件很棒的礼物，你的孩子能从中发现世界的美妙。每当安静下来时，我们能听到自己内心的想法，也能对周围的事物更敏感。

安静游戏有助于孩子发展更高层次的自律，同时能让他们更多地意识到身边那些被大部分人忽略的声音。在这项游戏中，轻轻摇铃或者做一个熟悉的手势来引起孩子的注意，告知安静游戏的开始。孩子应该停下正在做的事情，坐下来，闭上眼，努力保持完全的静止。让他们持续这样的状态，直到听到你耳语般地叫他们的名字。当一个孩子听到他的名字被小声呼唤，他应该安静地站起来，走到你身旁。你可能会想将游戏稍微变化一下，要求孩子拿着铃铛穿过房间而不许摇铃，让孩子从中学会如何小心而快速地移动。

一开始，小一点儿的孩子可能无法维持安静不动超过30秒钟，但渐渐地，他们会发展放松和聆

声音配对
看看你的孩子能否将两组容器中发出相同声音的罐子成功配对。

听的能力，并享受安静。如果你的孩子喜欢这个游戏，就让它成为每日惯例。

游戏的另一种变化是引导孩子的形象化能力发展：让孩子闭上眼睛，由你在他们面前描述一个场景让他们想象。“现在我们正走入一条小溪。我们用脚尖试了试水温。大哪，溪水真凉！”

聆听音乐（1.5～6岁）

随着孩子的长大，你可以和他玩各种各样的音乐游戏。你可以跟着音乐大声哼唱，并鼓励你的孩子也这样做；和着节拍拍手；随着音乐自由舞蹈——摇摆，轻轻地快速旋转，或者用任何觉得适合音乐风格的方式来跳舞。

你可以开始教孩子认识某段音乐中使用的演奏乐器，并告诉他曲调的名称，甚至作曲家的名字。慢慢地，他就可能说出：“妈妈，收音机里正在放《天鹅湖》！”确保你的孩子接触到尽可能多的他能玩耍的乐器——沙锤、木琴、鼓、吉他，并鼓励他哼出最喜欢的曲调。

在这几年中，你的孩子正处于对音乐的敏感期，有着对音高、节奏和旋律的无意识兴趣。具有音乐特长的父母可能会发现，将孩子置于音乐环境能激发出他们的音乐潜能。早期具有音乐天赋的迹象包括能够记住旋律，哼唱不走调，能有节奏地律动和说话，击打节奏感很强。

音乐很重要

让孩子接触各种类型的音乐，鼓励他通过拍手、跳舞、唱歌来分享他的快乐。

YOUR CHILD'S BRAIN

孩子的大脑

研究证实，让很小的孩子接触各种不同音调和音域的音乐是非常有价值的。当孩子开始能分辨母语与外语的不同时，他便能分辨不同的音乐了。

触摸

有很多方法能够训练孩子的触觉意识。我们从孩子很小的时候就让他们探索宝藏篮（见58～61页）。学龄前儿童已经准备好尝试更有挑战性的活动来完善这一感觉了。

质地配对（3～5岁）

这是一个能够帮助孩子发展触觉的游戏。通常来说，游戏需要一套小木板或木块，其中一面粘上质地特别的材料，如织物、尼龙、种子、沙子或其他物质。每种质地的木块需要准备2个，以保证它们摸起来的感觉是一样的。当粘好的一面朝下时，所有的木块看起来都相同。让孩子闭上眼或把眼睛蒙起来，尝试用他的指尖去“看”，将匹配的木块找出来。配对后将木块翻转到粘着特殊材质的一面，这样你的孩子能通过视觉来判断他是否猜对。

织物配对（3～5岁）

将上述游戏稍作改变：准备一个篮子，里面放入不同类型的方片织物，如丝绸的、羊毛的、棉的、花呢的等，每种类型2片。让孩子闭上眼睛或者把眼睛蒙起来，然后找出触感一样的织物，并把配好对的布片放在桌子上。当睁开眼时，他就能看到这些布片，同时检查他的工作是否有效。

砂纸片（3～5岁）

砂纸片由一套6对（共12片）的木片组成，每对木片的一面都覆盖上不同粗糙等级的砂纸。你的孩子需要闭上眼睛或将眼睛蒙起来，尝试仅凭触觉判断出具有相同粗糙程度的2片砂纸。配好对的木片可将砂纸面朝下摆好，放在旁边。完成全部配对后，他可以翻转木片来检查结果，匹配的砂纸片看起来会完全一样。

混合和配对

将篮子装入一对对不同的织物，看看你的孩子闭上眼睛能否运用触觉，找出所有互相匹配的布片。

神秘袋（3～6岁）

神秘袋是长久以来极受孩子喜爱的活动项目。它往往只是一个简单的布袋（或一个带洞的盒子），能刚好让孩子伸进一只手。孩子把手伸进袋子里，能触摸和操作他看不到的物体。要进行这项游戏，你需要收集一系列孩子熟悉并能说出名字的小物品。当他闭上眼睛时，在袋子中放入一个物体，并让他通过触摸认出这个物体是什么。如果你的孩子猜对了，你和孩子可以互换角色并允许他选择放入袋中的物品。对更大一点儿的孩子，可以增加游戏的难度，用上不同面值的硬币、不同大小的贝壳或不同形状的几何模具等。

嗅觉

孩子有着远比大多数成人敏感的嗅觉。这里有2个练习，能帮助你的孩子锻炼他的知觉，学习识别并说出不同的气味。

香水瓶（3～5岁）

这个练习需要一套12个相同的带盖塑料或玻璃

循序渐进 探索神秘袋

这个游戏只依赖于触觉，但也有利于拓展孩子的词汇量。孩子可以用诸如坚硬的、平滑的、圆的、球形的等词语来描述他感受到的形状和质地。

第1步
选择你有把握孩子能认出来的具有特别大小、形状和质地的物品，把它们放到神秘袋中。

第2步
乔治娅移开视线，将手伸入袋子感觉神秘物品。她花了一些时间用手指探索这个物体。

第3步
“它又长又细，一端有刷毛——是面点刷。”乔治娅先说出她认为对的名称，然后从袋子里拿出物品。

器皿。圆柱形的有旋转瓶盖的调味品罐是理想的选择，但婴儿食品罐也是可以的。你可以把这些瓶子分成两组，每组6个。一组瓶子围上蓝色彩纸，另一组围上绿色彩纸。

将棉球放到每个瓶子里，然后在一个绿色和一个蓝色瓶子的棉球上各滴1～2滴相同的香水。按照这一方法用不同气味的香水分别滴满其余5对瓶子，你可以用上香草味、杏仁味、薄荷味、柠檬味、古龙水等液体芳香剂。或者，你也可以不要棉球，而在瓶内放入有强烈且令人愉悦气味的固体，如混合香料、丁香或肉桂、橙子或柠檬皮。在这种情况下，你需要确保孩子看不到瓶子里的东西。记住，这些物质在一段时间后会变干并失去气味，所以你需要不时替换。

“孩子有着远比大多数成人敏感的嗅觉。”

孩子会从一组瓶子中挑出一个，打开盖子来闻其中的气味。然后，他会从另一组瓶子中找到与其具有相同气味的瓶子。让他将这两个瓶子放到一边，重复之前的过程，把剩下的瓶子一一匹配。

香草气味（3～5岁）

无论你是有一个草本植物花园，还是在厨房窗户旁放着几小罐香草，都可以让孩子得到丰富的感觉体验——闻到一些香草的气味，如迷迭香、薰衣草、罗勒和百里香。如果这些能是他自己种的就更好了（见151页）。孩子喜欢用小的钵和杵来捣碎这些香草当调料。此外，你也可以晒干这些香草，制作具有混合芬芳的香囊或放在抽屉里的小香瓶。

尝味

我们用舌头能感受4种基本的味道：甜、酸、咸、苦。介绍味道的最基本的方法是谈论不同的食物，给孩子直观而生动的印象，如说“嗯，这个苹果真甜”或“我觉得这爆米花有点儿咸！你认为

香水瓶
让孩子比较并匹配瓶子里的气味，不要给予其他线索，这样能帮助孩子更好地发展嗅觉能力。

呢”。一些孩子对有着强烈或不熟悉气味的食物相当挑剔。你会发现，当你的孩子通过感觉体验探索新的气味和味道时，他会变得更愿意尝试新的食物。一开始，你可以用不同食物逐步介绍每种味道。例如，你可以用一小点儿山葵或一些欧芹来向你的孩子介绍苦味：“有些食物尝起来有点儿苦。你想试试我的这个吗？”

另一个活动是引导你的孩子对某种特定食物的味道引起注意。“天哪，快来尝尝、闻闻这姜饼里的姜味！”你可以建议孩子闭上眼睛尝尝某种东西，并尝试说出这种东西的名称，如说“这东西一股柠檬味”。你也可以制作尝味瓶（见下）。

水果的味道

让你的孩子吃新鲜的水果沙拉是一种多重感觉体验，他每咬一口，都充满了颜色、气味、味道，甚至声音的刺激。

尝味瓶（3~5岁）

收集6个带滴管的小瓶，将其中的3个瓶盖涂上蓝色，另外3个涂上红色。现在你有了两组滴管瓶，每组3个。将每组中的1个瓶子装上能代表1种基本味道中的液体，如糖水（甜）、柠檬汁（酸）、盐水（咸）。

孩子洗净双手，将每组瓶子排放好，然后小心地拧开一个瓶子，用滴管将瓶中的液体滴一滴到自己左手手背上，让他慢慢舔一舔来感受味道。现在，他应该从第二组瓶子中选择一瓶，旋开盖子，滴一滴液体在他右手的指尖上。看看它尝起来和先前的味道是否一样。如果不一样，那么把这个瓶子放在一边，重复之前的步骤直到找到与之前那瓶相匹配的瓶子，然后把配好对的瓶子移走放在另一旁。

你的孩子在重复之前步骤匹配剩下的瓶子前，需要再次洗手。当3对瓶子都配好对时，他的任务就完成了。

3

让我自己做

帮助我来
自己做

变得独立是年幼的孩子最大的内驱力。当努力实现目标时，孩子在实践和掌握很多技能的过程中能够得到快乐。

从生命的早期开始，孩子就希望不断练习能让他们获得独立的技能。帮助孩子学会自己做一些事情，从穿衣、洗漱到倒水、制作零食，让他们在独立的路上走得更好吧！

根据孩子的年龄，他们在家能帮忙干很多事。他们可以整理自己的房间，帮忙择菜，打扫卫生，并在我们做饭和烘焙时在厨房打下手。他们能学习如何摆餐具、把食物放到桌子上、插花和装饰桌子。他们也能学习餐桌礼仪，如何在门口欢迎客人，以及如何作为主人友好地招待来访的小朋友、客人和亲戚。在温和的指导下，孩子能很快学会有条理地做事，自己的事情自己做好，并帮忙做些家务，而且非常享受锻炼这些技能。

迈出第一步

移动让孩子尝到了自由的滋味，能够到更高、走得更快，能更独立地探索。

自我意识

感觉到被尊重和能胜任一些事情的孩子会比被溺爱的孩子更容易拥有健康的情绪。本章的活动设计是为了帮助你教会孩子一些特定的日常生活技能，让他们变得更独立和自信。这些技能课程不仅仅是要让孩子学会技能本身，更重要的是帮助孩子发展冷静、专心、合作、自律、自立的品质。其中很多也有社会目标：培养孩子的自我意识、对他人需求的敏感和对社区的服务意识。父母需要以身作则，为孩子日常生活技能的培养做好榜样。我们要表现得镇定、意志坚强、严谨、有同情心和奉献精神。

正如玛丽亚·蒙台梭利所说："独立的精髓在于有能力为自己做一些事情。这种经验单靠玩耍是不能获得的。为了成长，孩子必须工作。"

生活课程

孩子学习的课程可以分为3部分：

- 照顾自己
- 在家的日常任务
- 优雅和礼貌（见132～135页）

其中许多课程都包括让孩子掌握精细动作技能，像如何扣扣子，如何从小水罐中倒水，或如何在搬东西时拿稳它们、不掉下来。很多父母在孩子很小的时候就会尝试教他们这些。希望你们能在本章中找到让这一过程进展顺利的一些策略。这些课程在你孩子的任何年龄都可以开始，只要你觉得他已经准备好了。知道教孩子这些技能的时机是否正确的最好办法是认真注意孩子告诉了你什么，不只是通过语言，更重要的是通过行动。比如，在某一个时间点，很多宝宝都会尝试去拿杯子。这就是开始教你的孩子如何自己用杯子喝水的一个好时机。

获得独立
观察你的孩子，发现他准备好自己完成一些事情的迹象，允许他练习掌握新技能。

孩子热爱
工作和游戏

小孩子渴望融入成人的世界。对他们来说，只要给予尝试的机会，不管怎样的工作都和游戏一样有趣。

鼓励你的孩子尝试新技能的最好方法是用他能理解的简单方式来精确而缓慢地做示范。然后，给他足够的时间练习，允许他犯错并自己改正。通过给予他清晰的界限和细心的指导，让他学习怎样自己做事，从独立中获得自尊与自信。

试着从孩子的视角来看世界。他正努力在一个充满了对他来说太大或太高的事物的“巨人国”中发展自己的技能。

“你需要用孩子能够理解的简单方式来向他展示新技能。”

尺寸问题

第一步是要找到适合孩子使用尺寸的工具和器皿。如果孩子们能使用尺寸与自己年龄相符的器材，那么很多任务都会更轻易完成。我们不难找到儿童专用的牙刷，不过除此之外，还有儿童尺寸的杯子、碟子、叉子、勺子、喷壶、扫帚和刷子，甚至是管状牙膏。

真实事物

如果孩子真正想要的是在真实的厨房中帮你的忙，为什么要给他买玩具厨房？我并不是建议让一个3岁的孩子去拿切肉刀或靠近火炉，因为确实还有很多不危险的事适合孩子去做，只要你花时间去教他。比如，他可以不费力地搅拌凉的东西，洗菜，或者学习如何摆餐具。孩子并不总是想做我们正在做的事，我也并不建议你让一个真正想玩耍的

真实工作
孩子在花园中使用大小合适的工具带着任务工作，会使他感到满足而充满乐趣。

布置餐桌

买一套儿童尺寸的餐具。在小餐桌上描出每个餐具的轮廓，让孩子知道如何摆餐具、在哪儿放置他的碟子和杯子。

孩子去洗餐具。但当你的孩子要求帮忙或表现出想帮忙的愿望，请准备好教他如何做。而且，如果你花时间将厨房布置出一个小的工作台，提供一些儿童尺寸的基本工具，孩子会更有可能要求帮忙，并一次次想回到厨房。

循序渐进

我们日常做的许多事都包含了一些不同的技能，这些技能是我们一点一滴学习积累起来的。你可以将任务分解成一个个小步骤，帮助你的孩子一次掌握一个层次的要领。运用这种方法，你可以教你的孩子在洗衣服时将干净的袜子分类，或将花插到花瓶里。想想其中的每一个步骤，仔细思考怎样才能让它易于执行。在你示范的时候，尽量用简短的话语解释每一个步骤，这样你的孩子才能将注意力集中于看你在做什么，而不是听你说什么。然后，让你的孩子自己练习，直到他能够熟练掌握每一个步骤。

学骑自行车是一个很好的例子。当孩子准备好以后，父母通常会让他们先骑三轮车，学习怎么上下车，怎么控制方向，怎么踩脚踏板。三轮车通常都很安全，所以没有刹车，并且父母对学车的场地也要小心选择。下一步则是练习没有踏板的平衡自行车。孩子凭借推力滑行，双脚离地，慢慢掌握平衡。父母可为孩子挑选一辆大小合适的自行车，可能在两侧安装着辅助的小车轮以支撑住比自身体积大得多的自行车，让孩子习惯新的脚踏板、车龙头和刹车。慢慢地，他们变得越来越自信，直到要求将辅助轮去掉。在我们觉察以前，他们已经能骑着自行车飞驰，而我们需要不断提醒他们戴好安全帽！

一步一步，掌握日常生活技能的过程在父母的仔细计划、耐心指引和支持下变得容易起来。类似这样的课程在孩子成长的过程中不断持续。而教青少年驾驶汽车的过程是当你的孩子差不多成年时学习日常生活技能的一个好例子。学习如何处理朋友间的冲突、管理零花钱、策划小型派对则又是其他的例子了。

也许作为父母最难做到的事情之一，就是一旦我们教会了孩子一项新技能，就要允许他们把这项技能当成日常生活的一部分不断练习，而不要去干涉他们。我们从不会建议一个已经会骑两轮自行车的孩子再去骑带有辅助轮的自行车，但想想，我们是不是还常常不自觉地给早已经能自己穿衣服、鞋子的孩子穿戴打扮？

小心指引
教孩子学习骑自行车时，我们需要在每个阶段选择合适的自行车并给予循序渐进的指引。

秩序感

教孩子日常生活技能的一个关键要素是保持所有事物的井井有条。在重要的秩序敏感期（见16页），他们的世界需要组织有序。如果告诉孩子东西属于哪里，以及如何在使用完它们后归还原处，孩子会内化这种秩序感，并在以后的生活中都带着这种秩序感。

如果将东西乱放，我们中的大多数人都会被很快变得杂乱不堪的房子弄得烦躁不已。孩子对环境是否有序尤其敏感。然而他们往往很善于制造混乱，并很难完全靠自己进行整理。最有效的办法是教他们在活动过程中保持整洁。有些孩子可能天生带有“整洁基因”，但事实上，所有的孩子都能从头培养有条理的工作和游戏习惯，而且无须被扼杀创造力或被剥夺游戏时间的快乐。

学习秩序

教你的孩子一次只能从架子上拿下一本书，小心翻动书页不要撕坏，看完后要放回原处。

其秘诀就在于建立一个基本规则，温和但坚决地告诉孩子，他工作和游戏时可以从架子上挑选任何东西，想玩多久都行，但结束后必须将东西放回原处，在放回拿下来的东西前不能去拿新的东西。

有些玩具与其他玩具搭配使用效果会更好，比如，一套建筑积木和一批玩具车。在这种情况下，你需要做的是将两种玩具合并成一组。孩子很容易接受特殊规定，比如将玩具车和积木放到一起玩儿的主意，并能很快适应同时玩两种玩具。重要的是在孩子进行下一个项目前，要把所有的玩具车和积木放回架子上。

照片标签

把物品的照片贴在储存容器上，能帮助你的孩子将物品放回正确的地方。你也可以在每个架子上贴上照片，用照片展示当整个架子整齐有序地摆放着玩具、游戏工具、书等物品时的样子。这要求你的孩子把照片作为一个控制错误的参照（见87页），当他结束游戏或工作将所有材料放回架子上时，或检查这些东西是否有损坏时，都能有所依据。

实用的储存空间

回想一下，你会记得我曾经反对用玩具箱来装玩具（见39页）。在孩子的卧室中以及其他家人常常聚集的房间里布置低矮的架子，用以放置他的书、玩具和游戏工具。找到合适的方法来储存有很多零件的玩具，防止它们散落得到处都是。通常情况下，这需要使用足够大的容器，能容纳下所有的零件；容器也必须足够结实，不会在使用时随便散架。根据特定玩具的性质，厚重的塑料容器、牢固的篮子、坚实的木箱子、足够大的罐子或碗都能提供理想的储存空间。

划定工作或游戏区域

你也许不太希望你的孩子在客厅地毯中央用手指画画。你当然也不想他在墙上涂鸦。想想你提供给孩子的每一个玩具和为他准备的活动项目，确定什么地方能够让他安全地活动，而不会制造出让孩子难以整理的混乱。有些活动就应该在厨房或有瓷砖地板的房间进行，以便于清理地上或其他地方的食物和颜料。而有一些活动则可以在客厅进行，前提是其他人不需要跨过孩子走来走去。还有一些属于室外活动，例如木工活儿、踢球或打球，必须在院子里进行。

制订计划，然后教孩子如何正确地做这些事情，而不是在他犯错的时候惩罚或批评他。如果你发现孩子在错误的地方玩玩具，让他换到适当的活动区域继续玩。如果孩子把东西弄乱了，根据他的年龄，可以合理期望他整理好这些东西，至少要帮忙整理好。但对学步期的幼儿来说，这往往收放甚微，而最好的方式就是从预防做起！不要让他们接近他们不该使用的东西。

有些东西是可以在沙发上玩的，有些则最好在桌子上使用。不过，孩子常常发现，很多他们喜欢的游戏在地上进行的时候最为舒服。给你的孩子一张小地毯或小垫子来划定他的工作或游戏区域。如

铺垫子
让孩子在一张垫子或地毯上玩耍，这样就限定了游戏区域，所以玩具不会在房间里被弄得到处都是。

YOUR CHILD'S BRAIN

孩子的大脑

孩子在规则和秩序中能茁壮成长，但混乱的家庭环境是否真的影响孩子的行为呢？一项针对英国家庭的研究显示，无序的环境很可能引起孩子不好的行为，其影响水平比养育条件更甚。而如果家长缺乏养育技巧，则会显著增加混乱的家庭环境对孩子行为的负面影响。

果不帮孩子加以某程度上的控制，玩具和拼图很容易在房间里弄得到处都是。一张小地毯，大约75厘米×120厘米（2.5英尺×4英尺），就能在地上划出一片极好的工作或游戏空间。如果要进行一些大型的活动，如用积木搭建巨大的城市建筑群，可以将两张垫子拼在一起。教你的孩子怎样卷起和展开他的垫子，以及怎样把垫子放在一个大篮子里。

安全策略

想想怎样才能让你的孩子安全而小心地把架子上的每个玩具或器皿拿到他想要工作或游戏的地方。通常最好的方式是让孩子把玩具装在专门的容器里一并拿走。有些玩具、游戏工具或器皿很容易单独取放，例如洋娃娃。但还有一些包含了很多零件，有时候搬运一整套对孩子来说太大或太重。这种情况下，为孩子提供一个小托盘，让孩子能够用它分批运送玩具。记住，孩子不会自动知道如何用托盘运送东西而不撒出来，因此你需要进行示范，并让孩子练习。如果孩子觉得用托盘太难，用小篮子或手推车代替可能会容易些。

对所有权的自豪感

教你的孩子照看好属于他的玩具和其他物品。如果他弄坏了东西，不要惩罚他，也不要简单地买一个替代品完事，而是花时间告诉他如何正确地使用东西。当一个玩具、游戏工具或其他东西坏了，看看是否能修复它，如果可以，让修复的过程成为一堂生动的课。鼓励你的孩子帮你一起维修，教他自己修一些简单的东西。同时，向你的孩子示范你自己是如何照看整个家的，让他作为每日任务也同样做。提醒他注意细节，比如从地上捡起掉落的纸、小珠子或其他碎片。

“当一个玩具或游戏工具坏了，看看是否能修复它，如果可以，让修复的过程成为一堂生动的课。”

控制错误

只要有可能，尝试在每个活动中建立控制错误的参照，以便你的孩子在犯错时自己能清楚地意识到。让孩子使用能摔碎的杯子和碗，这样他们才能很快学会小心使用物品，控制将它们掉落或误用的错误。出现错误其实是一次机会，能让你再次耐心告诉孩子如何正确完成任务，并温和地将孩子引导至解决问题的新课程上——你可以问他："我们怎样把这些散落的珠子收集起来？"或说："我们怎样安全地清理这些碎片呢？"

美丽与和谐

为你的孩子选择玩具、工具和其他日常用品的原则是具有适合的尺寸、便于操作、外观美丽。当你挑选孩子用来锻炼日常生活技能（见100～107页）的托盘、水罐和其他器皿时，避开那些便宜的塑料制品，选择你购买能力范围内最吸引人的材料。孩子对美丽的木头、玻璃、银、黄铜及相似的天然材料有着积极的回应。

年幼的孩子会吸收和记住他们早期家庭环境中的每一处细微差别。因此，你的目标是设计出能引起孩子兴趣的活动，并为他提供和谐与美丽的成长环境。

美丽的玩具

在充满塑料与恶俗制品的世界中，孩子很容易被天然材质（如木头）的美所吸引。

掌握
卫生间技能

学会如何照顾自己——从洗手到刷牙——会让你的孩子觉得自信而能干。

孩子需要掌握的很多自理技能是在卫生间学会的。仔细检查你的卫生间，看看有什么需要改善的地方（见42页），确保这是一个能让你的孩子安全而舒适地进行以下活动的地方。

开关水龙头

这是一项明确的任务。它要求在水槽前布置一个小台子，能让孩子踏在上面够到并使用水龙头，确保旁边放着能让孩子用来擦干手的小毛巾。

教你的孩子如何打开排水塞或弹出式排水盖，并向他解释不让水从水槽中溢出的重要性，这也是我们要把排水塞打开的原因。为他指出哪边是冷水龙头，并告诉他“打开这里会让冷水流出来”。然后指出热水龙头的所在，告诉他：“这个龙头打开会流出热水。你要很小心！水很热，可能会烫到你。”

现在，你慢慢扭动冷水龙头到半开，再把它关上。然后邀请你的孩子照着你的样子打开冷水龙头。如果他打开得太快，对他说：“你要注意别把龙头打开得太快，因为这样水会溅得到处都是。”接着要求你的孩子将水龙头小心地关上。如果你的孩子用力将水龙头全打开，或更快地打开，不要惊讶，他本意是要关上水龙头。这一课程的要点在于

水龙头技能

学会用安全的方式控制从水龙头流出的水是迈向卫生间独立活动的一大步。

教孩子如何控制水在水槽中的流动。如果有需要，重复其中的内容，强调哪边是冷水龙头、哪边是热水龙头，以及如何平稳地开关水龙头。

一旦你的孩子能正确开关水龙头并控制水流速度，让他小心地试试开关热水龙头，但在此之前应先将冷水龙头打开。向他解释："如果我们先把冷水打开，再去开热水，它们会混合变成温水，这样就不会烫到你。"教你的孩子如何去触碰流水的边缘，来感受流出的水到底有多热（冷）。同时也教他如何将热水龙头开大或开小一点儿来调节流水的温度。

好了，现在可以擦干你们的手，任务完成啦！如果你的孩子想再重复这样的练习一段时间，不要感到诧异。

洗手

当你的孩子学会如何开关水龙头后，可以教他用肥皂和温水来洗手。在流感和普通感冒易发季节，细菌往往因为孩子用手触摸眼睛、鼻子或嘴而传播。减少传染的最有效方法之一是鼓励孩子勤洗手，每次使用肥皂，并在流水下将手搓洗至少30秒。肥皂不能杀灭细菌，但确实能除去污垢。在流水下用这种方式洗手是极为有效的，因为我们手上

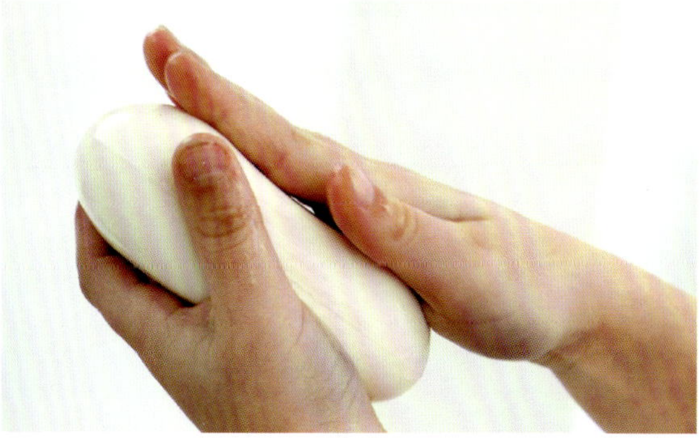

神奇的洗涤

肥皂能把细菌从孩子的皮肤上去除。你也可以教孩子如何使用从泵中挤出的抗菌洗手液。

干净的脸

确保你的孩子拥有自己的洗脸毛巾，并挂在卫生间他可以够到的地方。教他如何在擦脸前拧干毛巾。

玩水

孩子喜欢玩水，所以布置出能让你的孩子安全玩水的地方不失为一个好主意。你可以将一个水槽、洗衣盆或学前戏水桌安放在铺了瓷砖地板的房间里，这样能方便收拾溢出的水。在夏天，你可以将这些设施移到户外。

建立并执行一些基本的规则，比如，不许故意泼洒水，拿着某些尖锐或带电的东西不许靠近水边或放入水中。

提供一些好玩的东西让孩子在水中游戏，比如，水车、船、漏斗、玩偶（可水洗）或可以倾倒和装满的杯子或瓶子。

牙齿护理

给孩子买一支小牙刷，教他如何正确刷牙、冲洗牙刷、放回原处。

打理头发

拥有自己的发刷或梳子能让孩子更自信地打理外表。你可以在孩子头发打结时提供帮助，但让他自己做得越多越好。

绝大多数的细菌都能被洗掉——经下水道被冲走。尽量使用简单的语言和简短的说明，告诉孩子为什么我们要这样做。要知道，这样的解释永远是有益的。

刷牙

当你的孩子学会如何使用水槽后，他需要一支小牙刷和一面镜子。向你的牙医咨询适合儿童使用的含氟牙膏，以及最好的刷牙方式。然后教你的孩子学习牙医所推荐的刷牙方式。一般来说，每天应刷两次牙；如果你家习惯在每顿饭后刷牙，那么刷牙前需等待30分钟，因为牙釉质在接触酸性食物后需要时间重新硬化。

洗澡时间

许多孩子都很享受与妈妈或爸爸在一起的洗澡时间，而你也希望能监督孩子，直到确定他长大了，能够自己安全地洗澡。一般情况下，孩子3～5岁时会让你知道他能够自己洗澡了。跟随他的节奏，确保他知道洗头和使用毛巾的正确方式。

梳头

确保孩子有自己的发刷或梳子，教他如何梳理自己的头发。如果他喜欢让你为他梳头，这是很正常的。当他慢慢长大，可能会想学习怎样使用容易戴的发夹或容易绑的头绳。

学得更快

为你的孩子在卫生间开辟一块放置物品的专属空间，这样，他很容易拿到所有他需要的东西。

关于上厕所

学会上厕所是一个自然的过程，它发生在孩子想要成长，并且其神经系统发育已经达到能控制膀胱和肠部的时机。我们不训练孩子上厕所，而只是在他们准备好的时候提供支持。这一进度很大程度上取决于孩子身体的发育成熟度，而每个孩子的节奏都不尽相同。你不能人为地加快进程。让孩子在充满鼓励和示范的环境中练习才是有效的办法。不过，和孩子生活中的许多方面一样，如果明白了事情是如何发展的，我们就可以为他准备好相应的环境，并扮演支持的角色。

这一切都与孩子神奇的大脑和神经系统息息相关。当孩子出生的时候，他们的大脑与神经系统处在未发育完全的阶段。出生后到18个月之间，神经系统的细胞变得被髓磷脂覆盖，通过这种物质让细胞之间的神经传导更为高效。这使婴儿和学步期幼儿能对他们的行动做出更为精确的控制和协调。

髓鞘形成的过程，或者说神经系统的集成是分阶段发展的。婴儿首先获得对自己头部的控制，然后是手臂和躯干，最后是腿和脚。从随意的动作中，他们逐渐获得了有意识控制行动的能力。

教孩子上厕所的小贴士

- 耐心和鼓励。
- 让你的卫生间环境更适合儿童使用，以便支持孩子独立上厕所。
- 白天时让孩子穿着棉质的练习内裤。
- 当孩子看起来准备好使用厕所的时候，一步一步地教他如何脱裤子、清理、穿裤子、冲水。
- 耐心解释身体机能。
- 把旧毛巾放在手边，以便让孩子出现意外时进行清理。
- 意外发生时，表示理解。

对厕所的好奇

孩子通常在1岁左右的时候会对厕所感兴趣。他们喜欢冲马桶，并常常想玩里面的水。如果你的孩子表现出这种倾向，需要引导他以更合适的方式玩水，比如玩浴缸中的水。同样在这个年龄，孩子会变得对自己的大小便非常着迷。不要惊讶，也不要生气，你只需要向孩子解释："每个人都会大便——这是我们的身体排出吃下去但无法吸收的东西的方式。"

到了15个月大的时候，许多孩子会对穿脱自己的裤子很感兴趣，有时也会表达对内裤的喜爱，并开始试穿哥哥姐姐或父母的内裤。这可能是他们对学习使用厕所变得好奇的迹象。

大约18个月的时候，孩子拥有了一个发育得相对成熟、协调的神经系统，并进入一个敏感期，能够意识到生理感觉并开始控制其膀胱和括约肌。在这一阶段，很多孩子都有能力和兴趣控制自己的膀胱和肠部。如果他们有尽可能多穿着内裤而不是尿布的机会，他们就能对这些身体机能有更深入的认识，更有可能感觉到什么时候他们的膀胱满了。如果你注意到孩子有了相关意识，尝试给他穿上棉质内裤，至少白天在家时如此。他可能会偶尔控制不住，但也会更敏锐地意识到自己的生理反应。穿着一次性尿布的孩子很难感觉到他们什么时候需要上厕所。

到了这个时候，许多孩子都会希望坐在马桶或便壶上，模仿他们的父母或哥哥姐姐上厕所，即使他们的膀胱和肠道控制还没有发育完善。温和地支持孩子的兴趣，慢慢教会他如何拉下自己的内裤、正确地坐在马桶上、用厕纸擦屁股、穿上内裤、冲马桶，最后洗手。

这些上厕所的方法在蒙台梭利学校或其他蒙式教育机构可以实现，但其他地方就不一定了。对一些孩子来说，训练可能来得迟些，但重要的是开始后要保持一致性，让孩子的保姆也听从你的指挥。

为可能的意外做好准备，即使是面对大一些的孩子。当情况发生时，保持冷静并安慰你的孩子。在手边准备好干净的内裤让孩子可以找到，提供一个篮子，并在里面放上一叠旧毛巾作为清理工具。当孩子自己提出要求或明确表现出有难度时，你可以帮助他，但不要在不必要时仓促介入而让他觉得难为情。

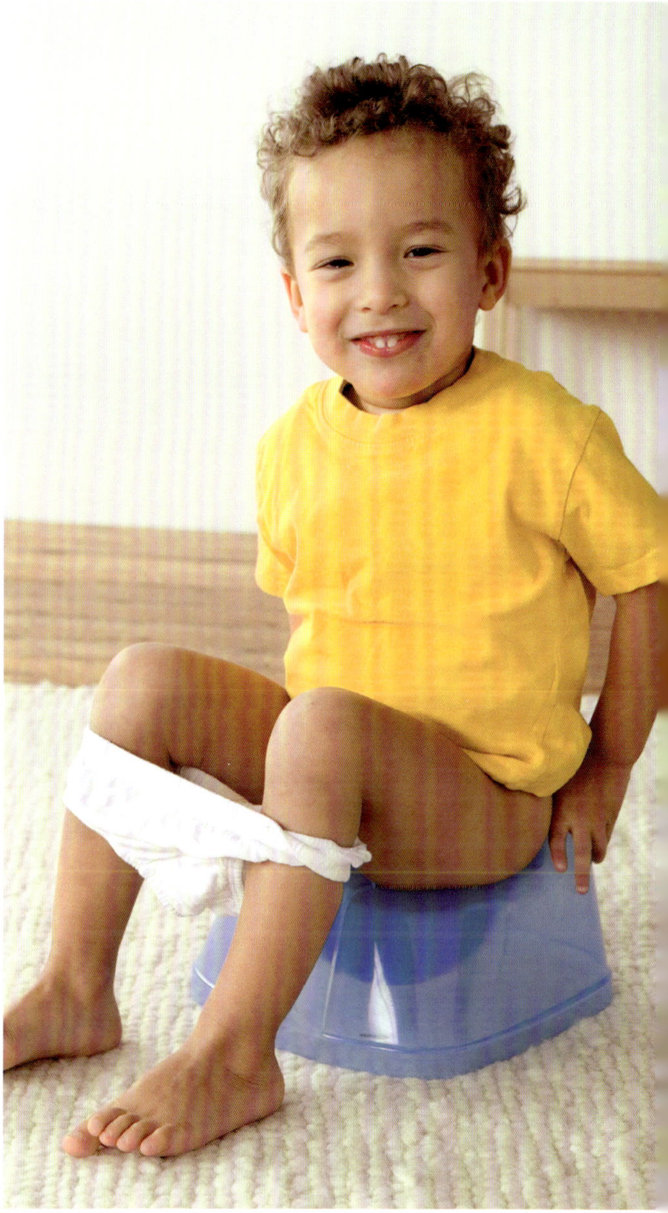

我能做到

使用便壶是一个因神经系统发育和对独立的向往而产生的自然过程。

穿衣的
艺术

很快，你的孩子就会迷上不断穿脱自己的衣服。

在6个月到1岁之间，绝大多数孩子在大人帮他们穿衣服时会伸出一只手或一只脚。大概18个月时，很多学步期幼儿想要开始像他们的哥哥姐姐或朋友一样穿上内裤（见92～93页）。有些孩子可能会乐于不断穿脱自己的衣服，还有部分这个年龄段的孩子喜欢试穿他们的哥哥姐姐或父母的衣服。这都是孩子已经准备好开始学习自己穿衣服的信号。

当你的孩子开始显示出这方面的兴趣时，腾出一些时间来让他试戴帽子、围巾和穿拖鞋。你可以坐在地板上，靠近你的孩子，和他一起穿上内裤，然后再穿袜子和T恤。在这个穿衣游戏中你要仔细做好示范。

所有东西都能拿到

你应该记得我曾描述过如何布置孩子的卧室（见43～45页），我谈到了将挂钩、衣架、架子和篮子安置在低矮处的重要性，这样你的孩子才能自己够到它们，以及不费劲地打开抽屉。仔细观察一下孩子的卧室，确保每一样东西都在对的位置且容易够到。

当孩子长大一些变得更独立时，给他们选择权是一个好主意。每天早上准备两套服装供孩子选择，慢慢地，开始和他商量第二天他想要穿什么样的衣服。你也可以帮忙买一些便于小孩子自己穿脱的衣服。找一些有松紧腰带的裤子，不要系带的。避免有很多扣子和拉链的衣服，直到你的孩子准备好享受这一挑战。选择可以直接穿上或有尼龙搭扣的鞋子。当你的孩子学着自己穿衣服时，请你保持耐心。年幼的孩子需要大量练习，而且需要父母给予大量的时间和机会来完善这一技能。

完全熟练

给你的孩子时间练习，他会很快熟练掌握即使是很复杂的扣衣服技巧。

第一次练习

鼓励你的孩子在尝试自己穿衣服之前，先练习穿衣技巧。

扣扣子
让他在一件有着大扣子的衣服上练习扣扣子和解扣子，衣服可以放在地上。

蝴蝶结木框
这个木框中有两种不同颜色的绶带，可以互相系上，帮助孩子掌握系蝴蝶结的技巧。

在实践中 穿衣服

练习穿衣的前提是没人匆忙赶时间。腾出时间做一些试衣游戏吧。

我能自己穿衣服啦
大概1.5岁的时候，你的孩子可能开始对自己穿衣服发生浓厚兴趣。

做准备

当你的孩子准备好练习自己穿衣服所需要的技能时，从简单的事物，如帽子、围巾的穿戴开始是很好的选择。

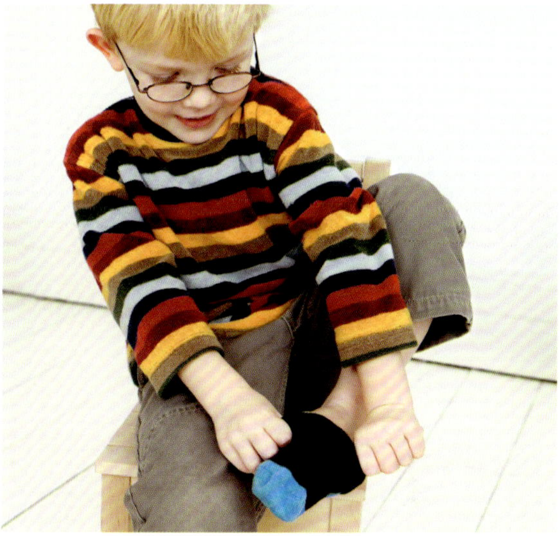

穿袜子

让你的孩子自己穿上袜子需要他具有灵活的动手能力。教他如何将袜子套到脚上，然后拉好。

有尼龙搭扣的鞋子

一旦孩子准备好开始自己穿鞋，有尼龙搭扣的鞋子是最容易让他学习的。

系鞋带

系鞋带，通常要经过练习才能精通。在孩子开始学习这项技能时，一个练习系蝴蝶结的木框（见对页）会很有帮助。

循序渐进 穿外套

这个简单的穿外套的方法对孩子来说有效且有趣。滑进外套的方式显得很神奇，而且总能不出错。

第1步
伊登将他的外套放在地上，衬里向上，并蹲在有帽子的一端。

第2步
伊登将手伸入袖子，然后将外套顺势掀起来举过头顶。接着，把手臂滑入袖子。

第3步
外套整齐地贴合伊登的后背，他整理了一下前面。“看，我能自己做到！”

第4步
练得熟练后，伊登现在可以在30秒内完全靠自己穿好外套。他显得很自豪。

穿外套对孩子来说可能是穿衣技巧中最难掌握的一部分。即使是成人，有时也会找不到搭在后面的袖子。在蒙台梭利学校，冬天的时候，当一大群小孩子差不多同一时间都需要穿上衣服去户外时，有一个简单的方法可以教他们快速地穿好外套。这个方法很容易，在家也能学会运用（见对页）。

有所准备

在你家的玄关布置好鞋架和能让孩子挂上他外套的低矮挂衣钩（见42页）。教你的孩子在每次挂外套的时候如何把衣服袖子正确拉出来。现在，可以教他如何按照左页所列步骤自己穿上外套。从领子那端开始拿外套很重要（很多孩子最初几次都会把外套穿反），请仔细示范这一步骤。当你的孩子掌握这一穿外套技巧后，会有巨大的独立感与成就感，所以让他尽情实践吧。

“在孩子学习自己穿衣服时保持耐心。年幼的孩子需要大量练习。”

鞋子的秩序

对年幼的孩子来说，穿鞋时分清哪只鞋属于哪只脚通常是个问题。用衣夹把鞋子按左右顺序夹好，便于你的孩子找到成对的鞋子，同时也有助于孩子在准备穿鞋时分清左右。

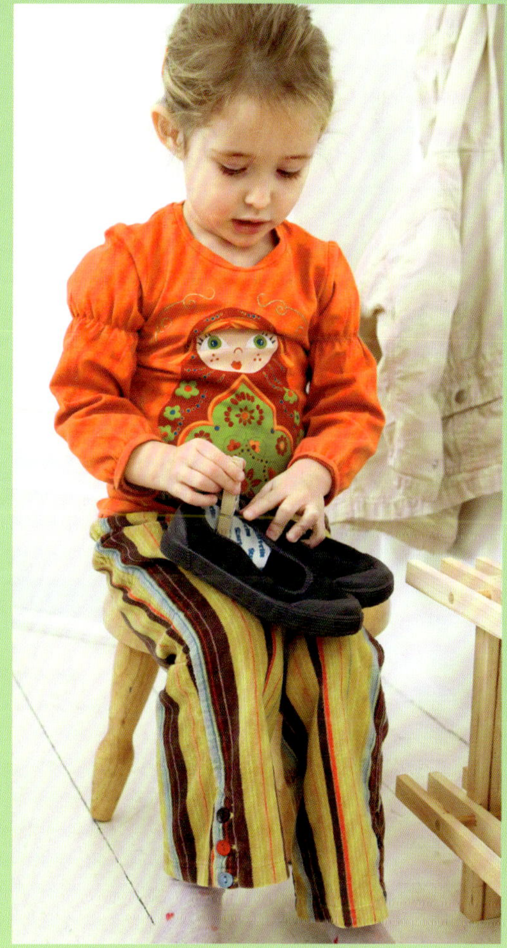

帮忙
做家务

孩子在小的时候总是自然地想帮忙做家务。只要能让他们感到自己长大了、能干了，绝大多数孩子都会乐意帮忙。

如果你把一些家务琐事视为家庭活动，即使在孩子很小的时候也欢迎他们参与，就能渐渐让孩子建立起一种因保持房子和院子整洁干净而产生的自豪感。工作永远不应该被视为琐事，但作为活动，这些事情确实能培养孩子的秩序感和责任感。很明显，孩子并不知道怎样做成人会做的所有事，有时候你自己把事情做完确实会比较简单轻松。但花时间准备好适合孩子做事的环境并耐心教他怎样一步步做事，能延续在工作中教孩子生活技能与态度的进程。

正确的方法

你可以从准备孩子帮忙时要用到的工具开始。他会需要一套适合儿童尺寸的扫帚、拖把、水桶，以及他专用的鸡毛掸子、清洁抹布，并有权使用你常用的抛光剂和其他清洁用品。他也需要用一些办法来够到他最想帮忙的区域，比如，也许因为其身高不足以够到的厨房洗涤池等。

记住，与成人做家务时不用思考步骤不同，孩子需要将复杂的任务分解成小步骤来完成。当你的孩子学习一项技能时，你需要将这些步骤仪式化，确保他每次完成任务时都使用了相同的工具，遵循了相同的次序。孩子会从实践和重复中学习，别惊讶，他可能一连几个星期甚至几个月都在做着重复的事情，直到熟练掌握这项技能。

当然，这样做的目的并不是让你的孩子变成一个小奴隶。他有时会很想帮忙做家务，有时又会全神贯注于其他活动。他的动力通常来自对你的关注和赞同的渴望。孩子可能不希望独自去完成一项任务，相反，他会更喜欢跟在你身旁，为你正在做的事情打下手。如果你在引导时没有唠叨不已、失去耐心、吹毛求疵，或因为孩子做得并不完美而将事情重做一次，那么他将会乐于帮你一起打理整个家。

循序渐进　扫地

扫帚对年幼的孩子有着无法抗拒的吸引力。将扫地这一简单的事情分解成小步骤，能教会孩子活动后清洁的技能。这一技能将被反复使用到。

第1步
在厨房地面上用胶带粘出一个方形区域，这样凯瑟琳可以把所有的碎屑都扫到指定区域内。

第2步
在学会如何用双手握住扫帚后，她把碎屑扫入了方形区域中。

第3步
凯瑟琳用除尘扫帚和簸箕把垃圾收集了起来。她拿着簸箕小心地站起来，边走边看，直到将垃圾倒入垃圾桶。

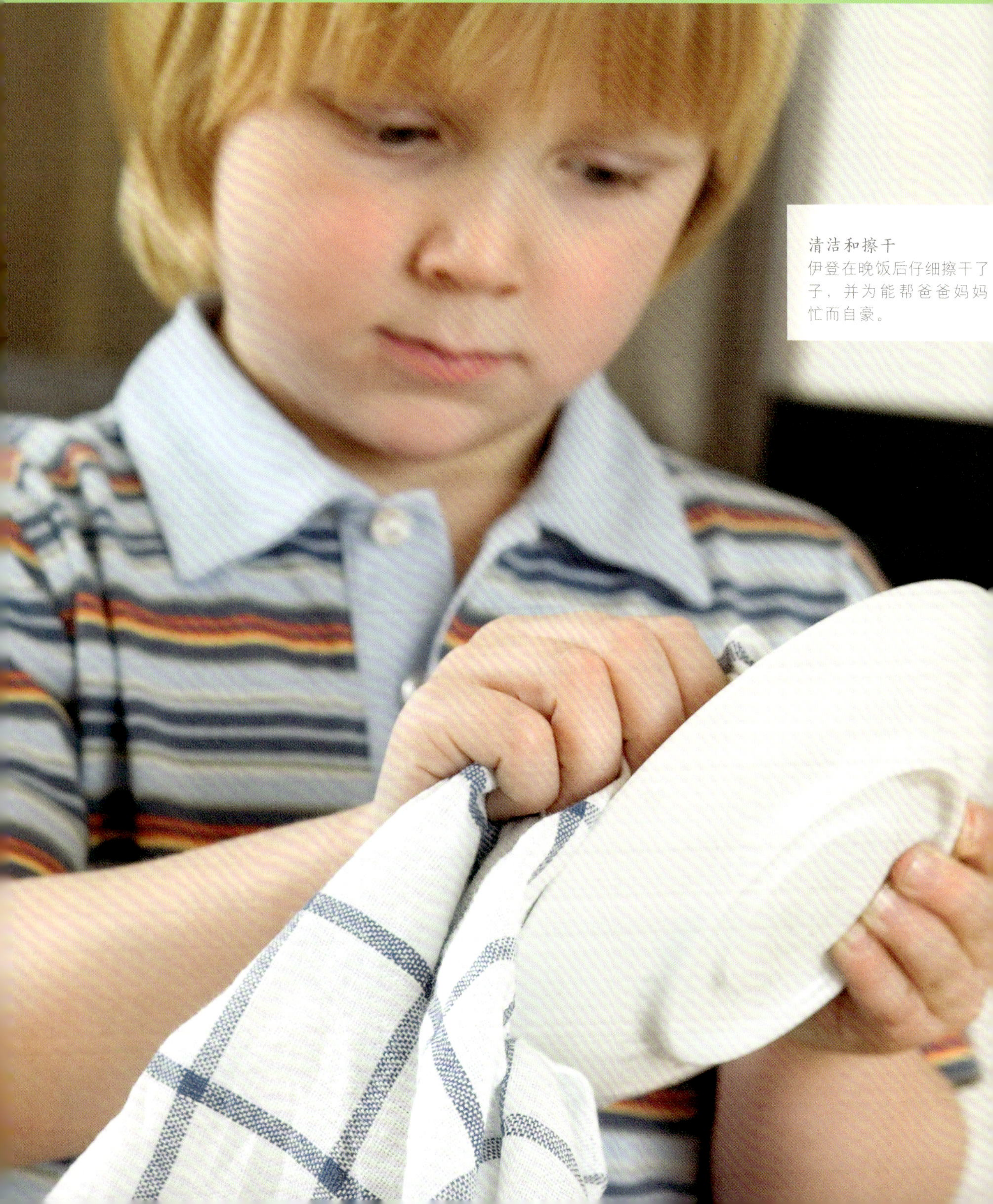

清洁和擦干

伊登在晚饭后仔细擦干了子，并为能帮爸爸妈妈忙而自豪。

在实践中 你的小帮手

仔细示范步骤，教孩子完成大人能做到的任务，能让他们感到自己成为家中有用的一员，培养自我价值感。

玩水的乐趣

莉莉-萝丝很喜欢洗餐具——这和玩水一样有趣，并且有需要承担的真实责任和结果。

擦鞋子

每次端详自己擦好的鞋子都能为卢克带来成就感。

除尘

借助鸡毛掸子来做家务是弗雷德最喜爱的活动之一。

学习倒东西

对很多父母而言，相信孩子能顺利倒出自己喝的饮料有些不可思议，但这一技能同样可以分解成几个步骤，通过愉快的练习教会孩子。如果给你的孩子提供一个适合他手大小的、带把手的小水罐，并且保证在水罐盛满东西的状态下，他控制起来也不会觉得太重，那么孩子学习掌握倾倒液（固）体这个技能就变得容易多了。而第一步从教孩子将一些干燥的固体，如生米粒或小扁豆，从一个小水罐倒入另一个小水罐开始，也会让整个过程更为容易。最开始练习时，准备一个尺寸很小的水罐，像用来装奶油的那种是最佳选择。选择坚固的瓷罐或玻璃罐，而非塑料罐，能鼓励你的孩子在使用时更小心。在水罐下垫上一个有颜色的托盘是个不错的主意，这样任何掉出来的米粒或扁豆都能被接住，而且在孩子结束练习后能很容易被找到和清理干净。教你的孩子用他使得最顺的手抓住水罐的把手，向他示范怎样用另一只手托住水罐的出水

循序渐进 从小水罐中倒出东西

小心地倒出饮料对孩子来说是一种享受。这个活动需要用到两个小水罐和一些米粒或豆子。在转到用液体练习前，帮助你的孩子完善他的倾倒技术。

第1步
莉莉-萝丝在练习将小扁豆从一个水罐倒入另一个水罐。下面的托盘会接住撒出来的小扁豆。

第2步
用两只手控制住水罐，莉莉-萝丝尝试用水代替小扁豆。

口下方。这样一来，他才能最大程度控制好水罐。当他成功把干燥的米粒或小扁豆从一个水罐倒入另一个水罐中之后，可以重复练习以上过程。你可以强调整个过程中小心操作的重要性："试试看你能不能把米粒从这个水罐倒入另一个，而不撒出一丁点儿来。"

当你的孩子能熟练完成这一任务后，你可以找一个稍微大一些的水罐来增加难度，然后让他试着将米粒倒入一个玻璃杯。注意，如果水罐中的米粒量正好相当于玻璃杯的容量，孩子更容易成功。最后，当你觉得孩子准备好时，用水来代替罐子中的干燥米粒。现在你可以要求他将水倒入玻璃杯中，而不洒出一滴。

记住，这个技能不可能在一天就学会！很多孩子可能要经过数月的练习才能获得技能所需的手眼控制能力，在没有任何帮助的情况下顺利倒水。

第3步
莉莉-萝丝现在已经能够小心地倒水而不洒出一点儿水了，并且能够在渴了的时候随时给自己倒上一杯水。

舀食物

当我们尝试教孩子掌握良好的餐桌礼仪时，其中的一部分就是帮助他们获得在做精细动作时所需要的肌肉的控制力。这样一来，他们才能在把食物从盘子里送到口中时，至少不让食物掉出来。

一些练习使用碗、勺子和叉子的游戏能帮助孩子发展吃饭技能。准备一个托盘和两个碗，其中一个碗里装上很容易舀出来的东西，如干燥的青豆。你需要准备一把大小适合孩子使用的勺子，向他示范如何一次一勺地将青豆从一个碗里转移到另一个碗里，并鼓励孩子自己做。完成后，他可以重复以上过程，直到他自己满意为止。

一旦他能够熟练完成这项任务，并且不撒出青豆，你可以把大颗的青豆换成难度更高的东西，如生米粒，然后让他重复以上过程。

你可以用同样的步骤让孩子学习使用叉子，注意选择正确的转移物，如一块芝士或煮熟的豌豆。

学习用餐刀

教你的孩子如何用餐刀，可以让他从切一些软的食物（如香蕉）开始。

为零食涂抹芝士

汤姆知道从哪儿找到他的原料和小板子，并已学会如何在饼干上涂抹奶油芝士来制作零食。

准备零食

有一种方式能鼓励你的孩子去吃健康食品，那就是让他自己参与制作过程。你可以从教你的孩子如何使用餐刀开始。选择有圆形刀尖的刀，如切芝士的小刀。这种类型的刀刚好锋利到能切动软的芝士或香蕉。向孩子示范如何正确拿刀，以及如何用它将黄油、果冻等抹到饼干上。

当孩子掌握了涂抹技巧后，你可以继续教他如何用餐刀来切软的食物，如香蕉。当他长得更高、更强壮一些，且能更好地控制刀的时候，增加所切食物的硬度，如让他切苹果、胡萝卜和芹菜。很快，他就能熟练运用这些技能，帮你准备晚餐的沙拉和蔬菜了。

确保你的孩子能在厨房的矮架上找到他所需要的所有原料和工具（除有一定危险的物品），在不用帮忙的情况下制作自己的零食。需要储存在冰箱的东西应该放在低矮的隔层里，让孩子能轻松地拿到。

一旦你的孩子有信心准备自己制作零食，鼓励他把食物分享给每一位家人或来到家中的玩伴。他可以准备一大盘香蕉切片和一些抹上黄油或奶油芝士的饼干，并向客人提供牙签和小叉子，以便从盘子里将香蕉切片挑起食用。

倒果汁

汤姆已经学会如何从自己的小水罐中倒出果汁。现在，他的零食都准备好了。

4

保持平和

创造
有爱的环境

通过示范、安慰和无条件的爱，我们可以帮助我们的孩子拥有良好的行为举止、礼貌和同情心。

在认同蒙台梭利理念的家庭中，父母会努力做到共情，关心孩子，将孩子作为真实而独立的个体来尊重。孩子也需要发展对他人的同理心，必须学习日常行为的礼貌规则。要达成这一目标，我们需要帮助培养他们的自尊、同理心和对他人的尊重。我们不可能时时都在孩子身边，因此更要教会孩子不论是否有人监督，都要保持行为的正直磊落。我们无法预知将来他们将会面临的所有情况，但可以教会他们如何将得体举止的基本规则应用到从未遇过的情况中。

宝宝的行为

婴儿和学步期幼儿对纪律、规则和惩罚并没有概念，但他们会对无条件的爱有所回应。这一阶段的孩子还分不清对错。他们活在当下，当需要什么的时候，他们是真的“马上”需要。

和很小的孩子一起快乐生活的秘诀之一就是努

留下印象
拥抱会让孩子的大脑释放大量的快乐激素，有助于他幸福感的建立。

早期学习

宝宝会用不同的哭表达不同的情绪，你要学会分辨并找到回应的最佳方式。

力理解他们哭的时候想要传达的信息。哭是他们能用来交流的仅有的几种方式之一。它可能表示饿了或想要打嗝，可能表示他们正处在一个不舒服的位置，或者需要换尿布了。

记住，宝宝也是独立的人！他们会感到害怕，会感到烦躁或孤独，会做噩梦。仔细观察和聆听他们。如果你一直关注你的孩子，你最后总会弄明白他想要告诉你什么。婴儿和学步期幼儿的行为是由神经冲动驱使的，他们的能力甚至不足以做出遵守基本规则的选择。当你总想示范良好行为，并解释一种行为到底是好还是不好时，不要惊讶于你说的话有可能被孩子忽视。

“在一个充满爱与尊重的环境中，学步期幼儿将开始理解我们说的话并进行有意识的回应。最终，他们会模仿我们所示范的礼貌行为，并开始变得合作。大多数学步期幼儿在友好合作时会很高兴，而在不断试探我们时会很焦虑。”

大一些的孩子的教育

我们的孩子深深爱着我们，并希望我们对他们感到满意。但我们的目的并不是让孩子简单地服从，为了获得奖励或避免我们不高兴而照我们所说的去做。从根本上来说，我们需要帮助他们建立一种内在的礼貌意识、同理心和清晰的是非观念。这就要求孩子发展社会意识和自律感，往往在其成熟时才能达到。

孩子有着和成人一样的情绪，但他们并不是生来就会适当地表达沮丧和愤怒，也不会自动知道如何解决冲突。作为父母，我们要教会孩子如何与他人相处，这样我们不在身边时，孩子也能够保持友好而礼貌的行为。无论合格与否，所有的父母都是

父母老师
作为父母，我们必须教会孩子如何处理和表达他们的情绪。

> “先教给孩子正确的行为方式，总比等到他做出不恰当行为后再责骂或惩罚他要好。”

道德教育者。我们的目标是向孩子展现我们所珍视的价值观，并教会他们将其融入自身生活。达到这一目标的孩子会发展出高层次的自尊，也会发现这样更有助于和他人建立起深厚的友谊。他们尊重他人的权利，可以令周边的人都很愉快。

随着孩子不断长大，不要理所当然地认为他会自动知道如何处理新情况。先教会他正确的处理方式，总比等他做出不恰当行为后再责骂或惩罚他要好。如果你的孩子真的做出了不恰当行为，你需要冷静地制止他，同时坚决地告诉他如何以社会普遍接受的方式处理问题。

尊重的重要性

有些父母和老师认为他们能通过严格的管教来塑造孩子的性格与未来。但实际上，孩子掌握着他们自身发展的钥匙。孩子早期对于个性的表达是迟疑的，具有些许试探性。我们的目标应该是帮助孩子变得更成熟、独立，变得有责任感。不幸的是，作为父母，我们有时过于保护自己的孩子，没有意识到他们必须通过实际体验学会生活，就像我们一样。

我们希望让孩子学会与自己、与他人、与环境平静和谐地相处。我们努力创造出一个家，能让孩子在其中学会独立，为他人着想。为了这一目标，我们需要给予孩子完全的尊重。我们的孩子需要感到做自己是一件很好的事。如果他们认为辜负了我们的期望或者我们对他们很失望，就会在感情上受到伤害。

YOUR CHILD'S BRAIN

孩子的大脑

一项针对美国学龄前儿童的最新研究显示，宽容型父母与自控能力差的幼儿之间存在显著相关性。然而，研究者也发现，尽管相对宽容型父母来说概率较低，但极端权威的家长也有培养出自律性较差孩子的倾向。

找到共同的养育方式

当一对夫妻成为父母，他们可能对期望什么样的家庭生活都只有模糊的概念。

研究表明，孩子在具有一致性的养育方式下表现最好，因为他能感受到安全、被爱，并有可信赖的家庭期望。

一般而言，有三种养育方式：严厉型、宽容型和平衡型。我偏向平衡型的方式，因为在这种方式下，规则和回应具有逻辑性和一致性。我们设定界限，但也希望孩子感觉被倾听，并基于一些基本的友好与礼貌原则建立起自己的家庭文化。我们的行为对孩子有示范作用，所以当父母意见不一致时，有必要考虑养育方法的问题。

“孩子在具有一致性的养育方式下表现最好，在这种方式下，他能感到安全。”

糟糕的行为包括父母在孩子面前公然争执或私下向孩子表达对伴侣的不满。较好的处理方式是在事情进行过程中尽可能支持你的伴侣，在之后商讨你们的不同意见。

尽早上一些家庭教育的课程，阅读并讨论家庭教育书中的建议也是达成共识的好方法。记录出现的情况或可能发生的情况，商量作为一家人如何统一行动。如果你们不能达成一致，或遇到认为你无法控制的太过危险或棘手的情况，请寻找专业帮助。

分享你的方法

很多祖父母在孙辈的生活中扮演着重要角色，有时他们对孩子的爱和关怀甚至超过父母。确保祖父母理解你们的养育方式，以及在养育时保持一致的必要性，但将你们的期望保持在合理范围内。

和谐无间
当父母一起努力寻找和谐家庭生活的最佳相处方式时，孩子会感到安全。

应对
家庭变化

我们也许无法控制一些改变人生的大事发生，但我们可以管理和调节它们对孩子的影响。

可预测的日常和来自了解并理解他们的人的照料，是大多数孩子生活的底色，但有时世界的运转也会出乎意料。诸如新生弟弟或妹妹的到来、领养等大事会给幼小的孩子带来日常生活的剧变和情绪上的困惑。而一些带来压力的事件，如父母的分居或离婚、亲密家庭成员的去世，都会造成孩子的心灵震动和创伤。

小心处理

任何的改变，都可能给年幼的孩子带来不安。他们也许能够表达自己的感受，也许不能，但作为父母，我们需要非常努力地控制我们自身兴奋、困惑或迷茫的情绪，帮助我们的孩子尽可能平稳地度过改变。如何才能做到？这取决于你孩子的年纪以及其所面对的具体情况。有很多心理自助类书籍提供了不少建议，告诉你如何帮助孩子面对父母的分居或离婚，还有如何解释深爱的人的去世。对于家庭成员的死亡，一个关键的建议是，不要给予过多超出孩子承受范围的信息。倾听孩子的问题和关注点，尽可能简单地回答，并向他们保证你会一直在那儿，让他们感到安全。

处理分居或离婚的情况也是一样，但还有一个关键就是避免以任何形式让孩子选边站，或让他陷入父母的冲突中。

这是最需要你维持成熟的行为的时候，尽可能冷静地做所有事情，并向孩子表现出来。同

“倾听孩子的问题和关注点，尽可能简单地回答。”

样，不要给孩子超负荷的信息，不管你感觉多糟糕，不要寄望于让孩子安慰你——这不是他们应该承担的。

家庭会议

上升到家庭层面的问题类型多种多样，家庭会议是一个能解决大部分事情的绝佳策略。这应当成为日常家庭生活的一部分，可每周在3岁以上（包括3岁）的家庭成员中举行（包括同住的祖父母）。年龄较小的孩子可以只是简单坐在那儿，对事情有个整体印象。给他们提供玩具或找些事做。根据孩子的年龄，将会议精简到10～15分钟。以下是一些指引：

- 家庭会议是严肃的，确保每个家庭成员都尽可能参加。
- 会议不要在用餐时间进行。
- 关闭其他交流手段，不要使用短信、邮件、电话、电脑，还有便笺。
- 分享领导权，让每个人轮流主持家庭会议。
- 以感恩、对良好行为和工作的认可作为开场白。
- 前几次会议以有趣的话题作为内容，逐渐让孩子或家长引入较为深入的话题。
- 家庭会议应该有轻松的结束——一个笑话、一首诗或一首歌。

一旦确立，会议就应受到重视和欢迎，成为整个家庭共同面对所有事情的安全所在。

牢牢把握
当生活出现意料之外的挑战时，孩子的安全和幸福是需要考虑的关键。

避免
发脾气

在发脾气时，孩子和父母都会失去控制——但父母之中必须有一方扮演成熟的大人。

乱发脾气的现象在学步期幼儿中很典型，而有些孩子如果发现这样就能得到他们想要的，则会在以后的很多年都将其作为一种手段反复使用。孩子最常见的发脾气原因是他们非常累，非常饿，感到不知所措或觉得病了。当你的孩子更“懂事”一点，发脾气可能会变成他试探你的底线或看你如何回应的方法。

孩子总是选择在最不合适的时候发脾气。你可能正在驾车、购物，在餐馆吃饭，或在朋友家里小聚，而在这些你最不希望你的孩子发生状况的时候，状况往往就来了。我们会倾向于立刻做些什么来阻止他，因为我们感到很尴尬，压力指数飙升。这时父母常常会借助斥责和惩罚来解决问题。但事实上，我们需要记住，发脾气反映出一些事情，而唯一有效的解决方式是了解发脾气的根源，尝试确认孩子的需求。

“发脾气可能是你的孩子试探你的底线或看你如何回应的一种手段。”

发脾气的类型

孩子因累了、饿了或病了时所发的脾气与他们因生气、沮丧和试探底线时所发的脾气截然不同。第一种类型的发脾气，需要父母找出具体原因，保持冷静与乐观，给予孩子所需的食物、休息或安慰。在杂货店或郊游时，让孩子哭得失去控制可能是一件尴尬的事，但至少他发脾气的原因是基于生理状况的，你能很快找出问题所在。尽最大的努力去控制，最终问题将得到解决。

因果关系
你的孩子可能会因为累了、饿了、病了或仅仅感到沮丧而发脾气。

第二种类型的发脾气则更像是权力斗争。这是孩子在觉得自己无力的情况下想保留一些控制权的曲折的表达方式。记住，当孩子说“不”或发脾气时，他们正在向你传达一些东西。你需要保持冷静，退后一步，尝试找出隐藏的信息。孩子所需要的可能只是你的聆听。像成人一样，孩子有时仅仅是觉得没有人在听他们说话而感到沮丧。

给孩子选择权

避免权力斗争的办法是让孩子有所选择。比如，拿出两套你认为适合他穿的衣服，让他选择穿哪一套——这种办法会让他觉得自己还是有一定控制权的。

解决问题

有时我们很难准确知道孩子乱发脾气的原因，因为你的孩子还解释不清问题所在。然而，大多数父母都能发现一些征兆，从而进行有根据的推测。

如果你认为孩子发脾气是他饿了的结果，那么需要尽快给他找些吃的，即使不在他平常的进餐时间。总是随身带一些健康零食是不错的主意，这样你可以随时应付紧急情况的出现。

如果你认为你的孩子是因为太累而发脾气，那么可以降低你的说话声，用一种轻柔的声音哄他，抱着他轻轻摇晃，然后把他放到卧室或其他能立即休息的地方。

如果你觉得孩子因病或不适而发脾气，可以轻声和他说话并安慰他。如果觉得他要吐了，看看周围有没有人能给你一个空碗或垃圾桶，以及温暖的毛巾。如果他需要看医生，请保持冷静并尽快安排。

如果你因长时间和朋友在午饭桌前谈话或通电话而无法脱身，请确保在事情结束后给予孩子足够的关注。

有些孩子对于事情的转换很难接受，会因此发脾气。比如，如果你们在操场上活动，你需要让孩子提前知道你们快要走了。“我们10分钟后就回家。你想再滑一下滑梯，还是去荡一下秋千？”事先的提醒和提供选择会帮孩子更加平稳地过渡。

如果你的孩子很明显是在试探你的底线，你需要保持冷静，避免陷入争吵。平静而温和地告诉他，你理解他的愤怒，但凡事都有规则。比如，你可以说：“我知道你希望继续待在操场上玩儿，但我们确实需要回家做午饭了。”

避免陷阱

家庭生活往往存在某种模式。尽可能地总结出孩子具有规律性发脾气的原因，然后尝试避免。比如，当你因外出购物而把孩子交给伴侣或保姆照看时，孩子比较容易发脾气。

孩子对计划突变的情况总是会很恼火，和你的孩子事先说好你们的计划并坚持执行。

在做事前向孩子明确界限。比如，你们打算去商店，你的孩子想买一个玩具，事先和他说好你同意买什么，并坚持执行。

不要让孩子试图使你让步的企图得逞，不管他们如何抱怨、要求以及想要控制局面。当学步期幼儿开始有发脾气的迹象时，可以用游戏来分散其注意力。但如果他仍然不肯冷静下来，你可能需要以坐下来阅读或离开房间的形式脱离这样的场景，让他知道只有当他平静下来做好准备，你才会给他拥抱。

很多家庭想让孩子做的事都太多了。学步期幼儿都喜欢固定的活动，而从一种活动转向另一种时，往往会感到疲惫，甚至生气。这样的情况有时不可避免，但当你决定让孩子同时参加宝宝体操课、舞蹈课或任何其他早教课程时，请三思而后行。任何人从一个活动中抽身投入另一个活动都会感到压力倍增，让发脾气有了理由。

YOUR CHILD'S BRAIN

孩子的大脑

困难的情况会触发儿童的压力反应，造成心率加快、血压升高，以及应激激素皮质醇的释放。如果孩子始终受到一个关心他的大人的支持，影响会有效得到缓冲，有助于一个健康压力反应系统的发展。

应对技巧

当你的孩子发脾气时，你需要记住以下几点：

- 不要打孩子。对孩子使用暴力等于直接教他用暴力解决问题。
- 孩子正在发脾气时，不要试着从身体上制止他，除非他要冲入车流，或用其他直接的方法伤害自己。
- 不要恐吓或惩罚孩子。当孩子无理取闹时，这样简单粗暴的管教方法是行不通的，而只会让孩子已经开始的情绪波动变得更加激烈。
- 不要争吵。你无法说服一个无理取闹的人！
- 不要让孩子尴尬，不要嘲笑他的行为。这会教给他将来用刻薄的态度对待别人。
- 不要试图在公共场合处理孩子发脾气的问题。把孩子单独带到一个可以私下谈话的地方，再来处理这一问题。这是对其他人的礼貌，并会让你更容易掌控局面。

消除“睡前大战”

睡前时光可能成为父母与孩子间的特别时刻，也可能令双方陷入权力斗争。孩子有很多种理由拒绝睡觉：他们不想被命令一定要做什么，他们害怕睡了之后会错过什么，他们还不累，或者他们仅仅只是想和父母待在一起。不管是哪种情况，问问你自己，孩子的行为究竟想给你传达什么信息，然后想办法满足孩子的需要，但坚持让他去睡觉。

建立常规

良好的睡前例行活动可以包含一些睡前小吃，然后洗澡、刷牙，做睡前阅读，最后给孩子一个温暖的拥抱，亲吻道晚安。注意坚持每天晚上重复同样的程序。这样的睡前仪式能帮助孩子平静下来并感到心安。

YOUR CHILD'S BRAIN

孩子的大脑

睡眠对孩子的认知能力有深远影响。一个由德国和瑞士研究人员组成的团队证明，孩子白天在潜意识中学习的材料，能在夜间长时间的深度睡眠阶段转化为大脑中的活跃知识。相对于大人，孩子的这一转化过程更为有效。

“每天晚上重复同样的程序；睡前仪式能帮助孩子平静下来并感到心安。”

你可以在你希望孩子睡觉前的1小时左右开始这一仪式。尽量平静地进行每一项活动，在此期间不鼓励让人兴奋的行为。开始之前，给孩子10分钟左右的过渡时间，让他结束正在进行的活动。避免给孩子提供可能引起争执的选择，尽管在你看来每个选项都是能接受的。比如，“你希望今天是妈妈还是爸爸陪你睡觉?”

如果你的孩子入睡有困难，尝试引导他进行可视化想象，这是一个用语言描述平和愉快场景的过程。有些父母喜欢放一些舒缓的音乐作为背景音。你也可以试着讲一个美好的故事，比如，你和你的孩子坐在魔毯上旅行，或者沿着一条美丽的河流航行。

另一个实用的方法是和孩子谈论一些快乐的记忆。“你还记得你很小的时候，我曾经把你扛在我的肩上吗？”或者，你可以告诉孩子你特别欣赏他的一些事情：“我喜欢你对每个人都有很友好的态度，让我觉得当你的妈妈很自豪。”你也可以用正确的方式提出正确的问题，鼓励孩子说说一天的经历，例如，问问孩子“今天发生的最棒的事是什么”，而不是“你今天都做了些什么”，后者往往会让孩子说出“没什么”之类的回答。

一旦睡前仪式完成，你可以安静地离开孩子的卧室。为了避免孩子不断从床上起来找你，事先告诉他“除了真正紧急的事，如果你睡下后又来找我，我会把你再轻轻抱回你的房间”。不要争论，也不要让步。保持平静、温和但坚决的态度。如果你表现得前后不一致，孩子会不断尝试打破规则，看看最后它是否有效。但有时候，当一些要紧的事发生时，你需要先把规则放在一边，尽快回应你的孩子。比如，他可能会在半夜醒来，因为他很害怕或者病了。这个时候，请遵循你的直觉。

睡前仪式
对孩子来说，阅读一个故事是能够让他在睡前平静下来的活动。

正面管教的方法

许多父母认为“管教”这个词意味着惩罚，但实际上，它代表着教导。

每一个孩子都会在一定程度上试探规则的底线。事实上，许多试探父母的行为都是孩子成长过程中正常的组成部分。孩子对大人的试探，也是他们在用自己的方式表达困惑，从我们的回应中，他们渐渐学会如何适当控制自己的情绪。在试探底线的过程中，他们会知道我们真正在意的是人际关系中有关优雅与礼貌的某些基本准则。同时，他们也会尝试迈出通向独立的第一步，以此证明自己并不是被完全控制的。

家庭基本规则

制订大家都认可的家庭基本规则，写下来并贴在父母双方都能参考的地方。教你的孩子如何正确做事，而不是聚焦在他犯的错误上。在接受蒙台梭利理念的家庭中，通常只有几条最基本的规则：

- 给予每个人尊重。
- 如果你使用了什么东西，用完后要放回原处。
- 如果你打碎或洒出什么东西，要清理干净。
- 诚实，并勇于承认错误。

家庭基本规则要清晰地印在你脑海中。向你的孩子正面解释规则，而不要一味下禁令。与其总是说“不要这样做”，不如告诉孩子应该怎样做。教他如何遵守规则，就像教他任何一项日常生活技能一样。向孩子重复示范你希望他做到的行为。有意识地捕捉孩子做得正确的事情，承认并强化正确方向上的哪怕很小的进步。不要等到他掌握一项新技能时再给予肯定——要在学习的过程中不断鼓励他。

如果你的孩子正在破坏基本规则，你可以采取的行动有很多，但不要责骂、威胁或惩罚孩子。比如，你可以提出更合适的建议将孩子拉回正轨；你可以提醒他要遵守的基本规则并温和而坚定地制止他现在的行为。如果情况还没有导致情绪失控（即你自己的情绪还没有恶化），你可

培养整洁的习惯
教孩子如何在游戏结束后收好自己的玩具。

以再次教孩子基本的处理相关情况的方法。

保持坚决的态度。如果你不能一遍又一遍地巩固规则，那么这个规则就不应该成为基本规则。制订较少但能被遵守的规则要比制订很多常被忽视的规则好得多。

少说“不”

每一个孩子迟早都会倔强地说出“不，我不想这样做”的话。这是典型的权力斗争，从学步

破坏规则

如果你家有一条基本规则是不能爬到家具上，而你发现你的孩子正在沙发上跳，你需要温和而坚定地让孩子停下来，然后提醒他相应的规则并解释为什么要遵守规则。

期开始，这种斗争将贯穿孩子的童年和青春期。很多人将学步期幼儿的这一阶段称为“麻烦的2岁”，但其实这是可以避免的——不管对于2岁的孩子还是对于更大一些的孩子（见本页右边）。

出现权力斗争的情况通常是父母和孩子都决定按自己的意志行事，并且双方都不愿妥协。在这样的状况下，双方都会感到沮丧和失意。父母觉得孩子在直接挑战他们的权威；孩子处在这样的情况下则往往觉得无助，会尝试尽最大可能维护自己的自主权，并与父母建立起一种更为平衡的权力关系。

教导而非惩罚

威胁和惩罚并不是规范孩子行为的好工具。当孩子生气或要维护自己的独立性时，往往会直接在行动上表现出来，并且不在乎被惩罚。那些对威胁有反应和被惩罚震慑的孩子会焦虑于如何取悦我们，以期赢回我们的爱。事实上，这样的孩子也会很好地回应其他形式的管教。惩罚会获得短时间的效果，但往往不能持续，而且只对害怕被威胁的孩子有用。

教给孩子正确的做事方式并从正面积极引导，而不要责骂或生气。坚持做到这点并不容易。最重要的是，永远不要问孩子一些无法回答的问题，比如对孩子说：“我还要告诫你多少次别这么做？”因为你得到的回答很可能是：“我不知道，爸爸！你觉得你应该告诫我多少次？”如果你问了一个傻气的问题，你很可能得到一个傻气的回答。

说“不”的策略

以下是一些建议，能够帮助减少亲子间的权力斗争和说“不”的次数。

- **给你的孩子选择权。**在条件允许的范围内，让你的孩子在两个同样合理的选项中选择，比如问：“你晚饭时想喝水还是番茄汁？”
- **教你的孩子礼貌地说“不”。**比如说：“妈妈，我真的不想现在做这件事。”
- **牢记罗伯特·海因莱因（美国现代科幻小说之父）的家庭生活黄金法则：**“相比于完全的陌生人，友好和礼貌在丈夫和妻子、父母和孩子之间有着更重要的作用。”
- **不要简单地让步，而要找到让你优雅让步的方式。**通常，父母和孩子都能通过让步得到更多。
- **让权力斗争最小化。**让孩子在一定程度上独立并有担当，这会让孩子觉得自己长大了。
- **遇到真正重要的事情再说“不”，**比如这项活动真的会伤害到孩子或他人，或者容易引起危险。

了解
孩子的性格

我们通过认识、适应和认可孩子们的不同性格，展示世界对于作为个体的孩子的接纳。

小时候，你是那种迫不及待地跑进学校并且觉得待在学校兴奋无比的孩子，还是那种踌躇不前的孩子？你是班级里最受欢迎的学生，还是经常独自一人？你从很早开始就喜欢团队运动，还是更喜欢阅读图书？作为父母，也许我们最难觉察的事情之一是，我们的孩子并不是我们。你可能惊讶于你和你孩子之间性格的显著差异，或者孩子的一些行为让你忆起自己希望改变的部分性格。每一个人都是独特的，无论是父母、孩子，还是祖父母。我们有不同的兴趣、气质、能力，我们每个人看待世界的方式和与人沟通的方式都或多或少有些不同。发现这一基本事实能让孩子受益，父母也同样受益。

“作为父母，也许我们最难觉察的事情之一是，我们的孩子并不是我们。”

气质与性格

你的宝宝来到这个世界时有着潜在的气质。他可能是一个暴躁地在陌生的臂弯里痛哭的婴儿，或者是一个贪睡鬼，也可能是一个喜爱社交且对每个人都报以微笑和友好的宝宝。即使在婴儿期，用同

分享乐趣

开朗的性格通常会是合群而慷慨的。外向的学龄前儿童住住是弟弟妹妹和朋友的最佳玩伴。

样的方法养育所有的宝宝也是行不通的。

当孩子进入学步期，气质演变成行为特征。学步期的孩子可能害羞、谨慎、防御性很强，常常专注于自己的活动，而对新体验显得很犹豫。随和、性情平和类型的孩子更容易做好准备适应大多数情况，而情绪高昂的孩子往往喜欢做第一个尝试者。如果你规律地观察并跟随你的孩子（见48～49页），会更快、更好地理解他。

害羞的孩子

在世界上，内向型的人可能会承受更多，这在童年时期尤其明显。我们都见过有些失望的妈妈在派对上逼迫女儿去参加游戏，或是爸爸在操场上催促胆小的儿子爬到攀登架顶端的场景。如果我们能采取相反的做法，意识到并确认孩子的感受，就向孩子传递了做自己就好的信息："杰克，我知道你不喜欢旋转木马。不过你更大一点儿时可能会想尝试一下。"

当一种情况的出现可能给孩子造成负担时，坐下来进行一场平静的交谈。"我们要去参加奶奶的70岁生日派对，你的叔叔、婶婶和堂兄弟姐妹都会去，还有很多不认识的大人和孩子。当唱生日歌的时候，你希望我们在你身边吗？"

但记住，有时孩子的反应或许在我们的意料之

性格如何发展

气质发展成为个性特征的方式取决于生命早期的许多因素：

- 孩子需要温暖、有爱的关系环绕着他。
- 孩子需要清晰的指导来帮助成长，让他能够发展自我控制能力，并对自己的行动充满自信。
- 孩子需要一个充满探索机会的环境，发展他的兴趣爱好。
- 孩子的第一位老师需要采取适合他的教育方法来增强他的长处和兴趣，并帮助他克服感到困难的事情。
- 孩子需要作为一个独立个体被接纳和认可，并要鼓励他成为一个团体的一部分。
- 孩子需要经常得到肯定，让他觉得做自己就好。

阳光性格

性情开朗的孩子会得到足够的关注，而且常常很乐意站在舞台中心。

外，给我们带来惊讶。一个典型的例子是，一个对陌生人和新情况充满戒备的孩子，在上了蒙台梭利学校之后，每天早上都迫不及待地想去学校上课。

挑战性行为

我们说的挑战性行为通常是指什么？它触及我们的底线吗？它特别严重吗？我们已经尝试了所有制止办法但都不奏效？首先要弄清楚的问题是，这是否属于这一年龄的正常行为。学步期幼儿注意力持续时间有限，社交技能贫乏，而且喜欢扔东西和超出他们安全范围的限制去探索。管理他们的行为往往需要你合理化自己的预期：不要带这个年龄的孩子去高档餐厅，密切注意会引起孩子发脾气的情况（见121页），给闹腾的孩子释放精力的机会，给紧张的孩子在人多的地方找一个安静的角落。

当你考虑到各种情况，孩子的行为是不是变得可理解得多了？当家里多了个新宝宝，大一些的孩子得到的关注相应会变少。“你的小妹妹真漂亮，”奶奶可以这样对调皮的孙子说，“但我现在要给能和我说话的人讲一个故事啦。”

当所有亲戚都在我们家进行一场庆祝活动或家庭聚会，我们可能看到一群受到过度刺激，兴奋异常而不自知的孩子，这是暂时性的，应该给予体谅。

即便如此，还是有一些孩子在所有情境下都显得莽撞，会让人觉得他们不是暂时性失控。对这样的孩子，需要规律性地提醒他们基本原则：你不能伤害自己或把自己置于险境，对其他人或生物也不行；你不能故意破坏环境，不论是你自己所处的还是其他。这些孩子在任何天气下都需要户外活动，以及大量在室内有趣的追逐游戏。

观察和等待
对很多孩子来说，害羞是面对新环境的自然反应。一个即将到来的弟弟或妹妹也会影响其信心。

具有行为问题的孩子常常会有消极反应，所以请注意并反馈鼓励性话语和奖励。记住，孩子成长过程中会慢慢变化，一些在他们小时候你觉得是问题的行为，在他们大一些后可能会发展成正面特征。孩子会给我们惊喜，因为他们的一切都刚开始，而有时我们忘了这一点。

教会孩子
优雅与礼貌

在游戏实践中教给孩子良好的礼仪，可以帮助孩子学会在任何情况下有得体的表现。

很少有人考虑教给孩子从细节处注意自己行为是否得体的价值所在。而在蒙台梭利学校，优雅与礼貌课程的练习非常注重尊重与友好的表达，通常与其他常规课程配套设置。我们会教孩子如何握手、问候朋友以及道别。我们会教孩子如何打断正在忙于某事的人，以及怎样礼貌地对别人说“不，谢谢”。我们也会教孩子如何在室内说话，以及如何友好地和别人玩耍。我们还会教他们如何真诚地道歉，以及如何和平地解决冲突。

简单课程

第一步需要用简单的话语解释清楚情况，然后示范处理这种情况的正确方式。然后让你的孩子和你一起练习，比如在一系列事件中进行角色扮演。如果没有在犯错时受到斥责、觉得尴尬，孩子是很喜欢上这种短小课程的。

举例来说，如果你的孩子想在房间内用力大叫，你需要让他知道如何将声音控制在不打扰其他人的程度。首先，当这件事发生时，与其责骂孩子，不如温和而坚定地要求你的孩子轻声说话。然后，选择一个你和你的孩子都较为平静的时机，教孩子在室内正确说话的方式。用容易理解的语言告诉他，并向他举例示范。比如，你可以说：“我想和你谈谈关于在室内说话的问题。当我们在户外时，因为空间广阔，有时我们需要通过大叫的方式来让对方听清楚我们说的话。在户外大声说话不会损伤我们的听力。但当我们在室内时，说话太大声不仅有损听力，而且会影响到

电话礼仪

米娅知道如何礼貌地接电话，认真听取电话内容并将信息传递给其他人。

周围的人。在室内说话要用适合室内的音量。”

现在，用行动向你的孩子演示——先用很大的声音问：“我在用适合室内的音量还是室外的音量？”然后，用正常的声音说：“现在你觉得呢？我是在用适合室内的音量还是室外的音量？在室内我们会用室内音量说话，在室外会用室外音量说话。”

你可以用这种方式教孩子所有的礼仪，比如说“请”“谢谢”或轻声关门。有些家庭会每周介绍一种新的日常礼貌行为，通常可在家中吃饭时互相练习。

礼仪课程

这里有一些关于优雅与礼貌课程的建议：

- 说“请”“谢谢”“不客气”。
- 用友好的语调说话，不要抱怨或吼叫。
- 学习如何要求轮流玩耍或加入游戏队伍。
- 学习如何介绍你自己。
- 学习如何开关门。
- 如果你想咳嗽或打喷嚏，学习应该怎么做。
- 给予他人称赞与鼓励。
- 允许他人超过你或让别人先走。
- 如果不小心撞到别人，要说“不好意思”。
- 当别人叫你的名字时，礼貌回应。
- 在别的孩子工作或游戏的区域绕道走，而不要跨过他们。
- 学会如何等待。
- 不要在别人说话时打断别人。
- 礼貌地接电话。

行为榜样

要教会孩子礼貌的举止，需要让其看到他们的父母、哥哥姐姐和朋友也在遵守礼仪规则。身教比言传更有效。孩子会吸收所有他们看到的我们的行为，尤其是在他们很小的时候，然后便开始学我们说话做事的方式。我们是他们的行为榜样。

记住，你的孩子会被身边的人深深影响，你需要谨慎选择孩子要接触的同龄人和成人。避免你的孩子陷入一大群喧哗无序、行为粗鲁的孩子中间。

你也需要认真考虑孩子去别人家玩的情况。如果他去的是一个允许孩子在家中大搞破坏的家庭，那就不要惊讶于他会带着这样的习惯回来。注意孩子将要去作客的家庭引导孩子的方式，看看他们是否会忽视孩子，或在一片吵闹声中仍然自顾自地打电话。你没有立场去评价其他家庭及他们的行为方式，但你有责任为你的孩子做出合适的选择。

在实践中 学习友好和礼貌的态度

孩子在潜移默化中学习，我们可以通过角色扮演的方式告诉他们如何得体表现。可以在孩子情绪平静时做如下一些简短练习，但不要用这些来指出他们的错误。

见面与问好
教你的孩子欢迎客人来到家中的正确方式。

关心与同情
鼓励你的孩子对情绪不好的朋友表达自己的关切之情。

餐桌礼仪
你的孩子可以学会如何拉出椅子并将它放回原位，以及如何正确地坐在上面。

平衡与控制
练习小心地在一条直线上走，看看你的孩子走得怎么样，教他掌握平衡与协调。

小心移动
教孩子如何把东西端给你，让他用双手拿着，递到你手上后正确地松开手。

说再见
当你的孩子学会如何友好地打招呼与说再见时，他已经开始学习建立友谊了。

在和平桌上
解决问题

当孩子需要解决争端时，引导他们来到和平桌，帮助他们找到解决分歧的办法。

时不时地，孩子总是会和他们的兄弟姐妹或朋友发生争执——问题可能小到该轮到谁玩玩具，也可能大到关于友谊是否能继续。有时他们会过于愤怒，以致无法心平气和地讲道理。这时候就需要有和平桌供孩子冷静下来，并遵循一定的程序停止争吵。

和平桌通常包括符合儿童尺寸的一张桌子和两把椅子，一个摇铃，一束象征和平的花或装饰，可以是玫瑰、橄榄枝或鸽子造型的装饰物。如果空间不够，准备两把放在一起的椅子，或者是房间角落里的小地毯，甚至是楼梯转角处都可以。一旦孩子习惯于这一仪式，他们遇到争端可能不用提示也会自己决定走到和平桌前；其他时候，父母或大一些的哥哥姐姐应该视情形的发展，适时建议矛盾双方来到和平桌前解决问题。

一旦来到桌前，就必须遵循一定的调解步骤。首先，觉得特别委屈的孩子将他的一只手放在桌上，另一只手按在胸前，表明他所说的都是发自内心的实话。然后，他看着另一个孩子，说出自己的名字，并阐述他对所发生的事情的感受以及希望解决的办法。

接着，轮到第二个孩子发言，这样的对话一直持续到双方达成和解。如果孩子们自己不能维持秩序，他们可能需要一个调停者——可以是大一些的哥哥姐姐或父母中的一人。如果问题涉及太多方面，他们可能需要申请家庭会议，让家里的每个人都从双方的角度听听整个故事。

孩子从和平桌的活动中能学到的是，不论他们的体格强弱、年龄大小，或在家中的地位如何，他们的看法都会被听取，并相信能被公平对待。他们从这一活动中获得的主要体验是，解决争端需要诚实的交流和良好的愿望，这样才能维持一个和谐与合作的家庭环境。

和平与和谐

和平桌能帮助并教会孩子如何维持和谐与合作的环境。

循序渐进 实现和平

和平桌可以被看作与淘气角完全相反的一个存在。它帮助孩子冷静下来，用一种更积极的方式来解决分歧。

第1阶段
争执从一个玩具开始，但现在吉玛和汤姆打了起来，并拒绝讲道理。

第2阶段
为了解决他们之间的争端，吉玛和汤姆被鼓励停止打架，坐到和平桌的两侧。

第3阶段
汤姆将一只手放在和平桌上，另一只手按在胸前，平静地向吉玛表达是她的行为让他不高兴了。

第4阶段
吉玛用同样的方式，一只手放在桌上，另一只手放在胸前，回应汤姆所说的话。

第5阶段
吉玛和汤姆都觉得彼此之间的不同意见已经得到解决，他们会一起摇铃，让家中其他人知道。

控制
看电视

电视是造成家庭冲突的一个主要来源。亲子之间应确立一些关于看电视的家庭基本规则，然后坚持执行。

传统意义上，孩子的价值观与世界观受到四种文化影响：家庭、学校、宗教组织、同辈群体。今天，电视已然成为第五种，而且是较前面四种更为强势的文化，影响着绝大多数人的知识吸收，并缺乏控制。这是很不幸的，尤其是它已成为越来越多的家庭照看孩子方式的一种选择。

被动的父母

让孩子毫无节制地看电视会引起一些问题。电视中对暴力的描绘是很大的隐患。一年中，孩子可能看到上千次的谋杀、斗殴、车祸和空中爆炸。显然，很多电视制作人的价值观以及考虑解决问题的方式与我们不同。

一个更大的问题是电视的催眠作用。很多父母观察到，他们幼小的孩子因被周末的早间节目所吸引，能在电视前坐上好几个小时。他们当然能长时间坐着并观看电视——他们实际上已经处在恍惚的状态。看电视充其量只能算一个被动的体验，因为它不需要思想，不需要想象力，也不需要努力。有品质的儿童节目可能是有益的，但大多数节目都不具备这样的特点。

制订规则

最好能有计划地控制看电视的时长。孩子真的不需要电视来娱乐自己。应当建立有效的家庭基本

“最好能控制孩子看电视的时长，你可以规定每天他只能看几小时电视。”

规则，明确你同意孩子观看的节目，限制孩子每天看电视的时长。你可以给孩子尽量多的选择："你可以从如下节目中进行选择，但是你每天只能看其中的3个节目。那么你今天的选择是什么呢？"

一些父母会根据具体情况分析商业电视节目是否适合孩子观看。选择一些具有教育元素的节目，但必须明确规定孩子每天可以观看的时长。有时，一个节目可能传递良好的价值观，但也存在一些令人困惑和不安的内容。如果是这样，那么整个家庭可以一起观看节目，并在结束时讨论其存在的问题。

分享快乐
和你的孩子一起看电视建立了亲子共处体验，并让你可以及时回答他们提出的问题。

管理看手机、玩平板电脑的时间

电子设备和APP应用的迅猛发展让使用这些设备变得非常简单，即使很小的孩子也能轻松实现触屏操作。

智能设备使用

选择对孩子真实生活中的活动和兴趣有支持作用的APP，这能让他和数码世界的初接触变得有意义且适当。

◆ 告诉孩子展示图片的应用，让他浏览有着家庭成员和假期记录的照片库，允许他用智能手机在发现之旅拍下自己的照片。

◆ 告诉孩子如何使用视频聊天功能与朋友和亲人远程联系。

◆ 通过快速搜索视频来找出一个喜欢的故事，或一个关于某种事物在世界上如何生存、运转的问题，如小北极熊如何在冰上玩耍。

◆ 安装一些关于简单配对游戏和有着吸引人的画面的拼图的应用程序。

◆ 告诉孩子如何搜索并播放他喜欢的歌曲。

◆ 一起编一些有趣的故事，并录下来，在长途汽车旅行中播放。

在我们周围，我们能看到婴儿车里的宝宝猛戳电子屏幕，刚上学的孩子沉迷于自己独立的数字设备。我们不禁疑惑，面对面的交流和长时间的集中注意力是否已成为濒临灭绝的人类特质。这样的趋势引起不少人的忧虑，因为我们坚信婴儿和学龄前儿童需要从获得具体经验开始满足其发展。我们知道我们可以提供一些亲身实践的活动，引起孩子对他们所处环境的兴趣，而不需要借助智能设备。

做出榜样

孩子的第一个榜样是父母，他们从早期阶段就开始想模仿我们的一切行为。毫不令人惊讶的是，如果一个孩子放弃他的玩具而对光滑的智能手机触摸屏上瘾，很可能因为这个手机占用了他妈妈清醒时的几乎所有时间。检讨你在家使用电子设备的情况：智能手机和平板电脑会出现在晚餐的桌上吗？你的注意力会不断被跳出的电子邮件和短信吸引吗？你会用腿架着平板电脑阅读或看视频吗？一项针对美国中小学的研究表明，使用电子设备上瘾的学生对文字的理解能力弱于他们的上一代人。我们需要明确自己的责任，不要造成孩子的注意力缺陷。

通过思考，我们可以在提供有意义活动的原则下控制对电子设备的使用。如果你有四五个孩子，谨慎且分阶段地向他们示范使用功能强大的智能手机和平板电脑。设计活动，让智能设备成为探索的工具而不是被动的丧志玩物，给孩子浏览和选择的自主权，保持每天硬性的时间限制。

YOUR CHILD'S BRAIN

孩子的大脑

新西兰但尼丁的研究人员进行的一项针对人类健康、发展和行为的长期研究，从20世纪70年代早期开始追踪了超过1000名新生儿。在研究的前8年，对孩子进行规律的测试来衡量其专注的能力。当被试者成年后（32岁）时再进行测试，发现早期显示出色专注力的孩子更容易在成年后获得成功。

上网警戒
监督你的孩子在线浏览的内容，施行控制。收藏包含适合学习内容和图片的网站。

5

探索
更广阔的世界

孩子是
小小科学家

孩子具有发现的内驱力。鼓励你的孩子去观察这个世界，并保持对所有事物的好奇。

玛丽亚·蒙台梭利认为，所有的孩子都像“小科学家”一样，他们渴望观察他们所在的世界，做出各种假设并不断发现新事物。婴儿和学步期幼儿喜欢试探环境，好奇会发生什么。比如，他们会从高脚椅上把玩具扔出去，或在洗澡时玩水。这种探索的动力在他们的成长过程中不断发展，他们的尝试也变得愈加大胆，从在花园里做泥土馅饼到开始把客厅变成蚯蚓农场。孩子生来就具有非凡的想象力，并拥有探索世界的强烈愿望。鼓励你的孩子，帮助他发现周围事物的美好与神奇。

孩子的视角

记住，孩子的世界要比成人的世界更靠近地面。从他的视角看待生活能让你重新拥有孩子般的好奇心。牢记儿童的世界的缓慢运行节奏，跟随孩子的指引，准备好随时停下来检查引起他兴趣的事物——比如一只瓢虫或一朵花。不要在孩子看起来无所事事的时候对他失去耐心，你只需要适应他的节奏。

孩子学习的最好方式是实践，而不是听人讲述这个世界的样子，在他们小的时候尤其如此，而等到长大一些甚至成年也依然适用。当孩子很小的时候，他们不仅在学习认知事物，更在学习如何学习。书本上用文字和插图将一条小溪周围或腐烂木头下的世界描述得再仔细，也不能代替花时间近距

“像你的孩子一样看待这个世界——俯下身来，靠近地面。”

不同的视角
孩子会从与成人不同的视角来看待世界。蹲下来，从他的视线，看看他眼中的世界是怎样的。

离感受实物所带来的价值。书本和其他材料能帮助孩子将深刻印象和体验一起印入脑海，但必须建立在已对事物进行直接观察和亲身经历的基础上。

户外世界

孩子喜欢在户外四处游走、爬树、摘果子、收集松果等。他们非常享受帮助照看家庭花园或喂食鸭子、兔子和小鸡等小动物的过程。他们会把与

大自然的惊喜

秋天拾板栗的游戏能让孩子感受到大自然的馈赠，并观察树木的生长周期。

父母一起在森林中徒步旅行，在小溪边玩耍，在岩石水池里发现海洋生物，在海滩边散步拾贝壳、浮木、鹅卵石的经历铭记终生。

你可以让孩子以坐在折叠婴儿车中或背着他的方式，带孩子外出进行短途旅行，从而揭开孩子的户外活动序幕。花时间让他认识你所熟悉的世界。即使是非常小的婴儿也能从户外景色和声音中吸收知识——云从天上飘过，花园中的花朵有着美丽的形状与芬芳的气味，风吹树叶发出沙沙的声音……所有这些都会在孩子脑中留下强烈而持久的印象。不论春夏秋冬，四季都有着它们自己独特的美，让孩子从细节中发现这些美：一朵从雪中探出头来的小花、一个美丽的贝壳、一片完美的树叶。

当孩子长大一些，逐渐让他注意你们所遇到的一些熟悉事物："看，那是奶奶的房子！她种在门前的花多漂亮呀！""天哪，玛丽，你看到那些鸟儿在树上筑的巢了吗？有一天它们会在那儿下蛋，然后孵出很多鸟宝宝来！"到了冬天，当看到新雪上的动物足迹时，可以问问孩子是哪些动物曾在上面走过。

地球的管家

蒙台梭利另一个关键理念是：孩子是地球的管家，必须像热爱农村、周边城市或郊区的自然事物一样去学会关心更远的雨林和冰川，并为了地球能够拥有美好的将来而保护它们。教会孩子敬畏生命。毕竟，我们都是生命网络的一部分，需要与我们所生存的自然世界维持微妙的平衡。比如，孩子通常觉得土壤是"污垢"，这个词对很多人来说隐含有肮脏的意思。其实，我们应当教会他们尊重肥沃的土壤，以及一切支撑地球运转的事物。

强调要对所有的生命给予关心爱护。教孩子不要随意摘下树叶和花之后又把它们抛在一旁，而只在有明确目的时收集它们。偶尔摘摘路边的野花无伤大雅，可以将它们压成干花进行收藏或装在盛水的花瓶中保存，但永远不要过度采摘某种植物。教你的孩子轻轻地来到地球，只带走他需要的东西。

鼓励你的孩子在森林和牧场上尽情玩耍，但不要留下垃圾，并告诉他任何时候都不要乱扔垃圾。如果你看到地上有垃圾，尤其是像瓶子、碎玻璃片、易拉罐和塑料袋，尽可能地捡起来拿在手上，直到找到垃圾桶扔掉。因为它们不仅污染环境，而且容易伤害到动物。你可以拿一个旧的帆布背包去安全地收集瓶子和碎玻璃。当你的孩子长大一些，为他也准备一个属于自己的袋子去收集垃圾。

YOUR CHILD'S BRAIN

孩子的大脑

美国研究人员发现，有规律性的户外活动、参加过徒步旅行和露营等活动的孩子，比那些成长过程中较少接触自然的孩子更有可能成为关心环境的人。

在花园中"工作"

让孩子在花园或后院帮忙是锻炼他们实践能力的极佳方式，同时能满足他们探索的需求。

你在布置花园的时候，可以辟出一块空间让你的孩子能够自由实验与种植植物。从很小的年纪开始，孩子就可以根据一年的周期来进行活动：早春在室内或玻璃罩中种下种子，在确保种子不会受冻的危机过去后再将幼苗移植到花园中，细心照看这些水果和蔬菜成长，直到收获。对年幼的孩子来说，去花园采回一篮自己帮忙种植的生菜、青葱、番茄意义非凡——我发现让他们吃下自己种出来、采摘并洗干净的蔬菜几乎不成问题。

"让孩子吃下自己种出来的蔬菜几乎不成问题。"

别忘了在你的花园里种些香草。新鲜的罗勒、茴香和鼠尾草的香气会成为孩子难忘的童年记忆。而能被采摘食用，为食物增色调味则是这些植物的另一好处。

儿童用的工具

你可以为你的孩子买一些大小适合他们用的园艺工具、水桶和手推车。在你的车库或花园棚屋中设置安放这些特殊工具的架子，然后教你的孩子在完成一天的劳作后将工具洗干净，并放回原处。提供儿童尺寸的手套和材质良好的深绿色园艺围裙，帮你的孩子建立整洁和秩序的概念。寻找儿童尺寸的篮子，让孩子将成熟或可以食用的花卉、水果和蔬菜都采集到篮子里。

如果空间有限

如果没有家庭花园，可以考虑在窗台上布置花盆或建立一个盆栽花园。只要有合适的土壤、水源和日照，你可以在很小的空间里种出数量令人惊讶的植物——草莓、番茄、辣椒、扁豆和药草养起来都很简单方便。盆栽的优势之一是，它的大小对孩子来说非常完美。

花的魅力

在你的花园中为鲜花腾出空间，不论是本地的野花还是传统的一年生和多年生植物，都可以美化你的院子、装点你的桌子。教孩子如何采花，并把它们插进房子里的小花瓶中。年幼的孩子往往更喜欢将一枝特别的花插入一个非常小的花瓶，而不是在花瓶中插入一大把花。你可以用造型别致的饮料瓶来充当花瓶。

将孩子打理花的工具放在他能够到的低矮的架子上。除了各种各样他用来插花的花瓶外，你还需要为他准备一把用来修剪的小花剪、一个用来浇水的小水壶、一个便于灌水的小漏斗，以及一块用于清洁的海绵。你可能还需要准备一些可以垫在花瓶下面的小垫布。

小小园丁

种植植物的鳞茎的活动非常适合孩子。教你的孩子如何检查植物是否需要浇水了。

在秋天打理庭院

孩子喜欢在有些凉的天气里完成一
需要充沛精力的任务，如将树叶扫
一起。

插花能让你的孩子把大自然带回家——它们的美丽装点了你的房子，也强化了孩子对不同鲜花的认知。

花园词汇

教给你的孩子每一种应季花卉、水果和蔬菜的正确名字。不知不觉间，他可能就会记住花园里所有事物的名称。你也可以教他一些描绘这些事物的形容词：红的、大的、小的、长的、粗糙的、光滑的，等等。不少植物也很实用，可以用来做菜或医用。例如，芦荟就是缓解擦伤和烧伤的极好的“药物”。

把一些漂亮的植物和花卉的图片挂在家里，摄影作品和名画均可。孩子的图书收藏里应该包括一些介绍花卉、动物和大自然的出版物。孩子们喜欢从书里找出和花园里的花或树叶一样的图片。

大自然的艺术品

别忘了将花朵、树叶、种子和青草做成各种艺术品。孩子们喜欢从大自然采集原料来进行艺术探索。他们能学着把花或树叶压平，制成干花后保存在剪贴簿里。青草能用来编织成小篮子；橡子和松子能用在各种工艺品中，比如用来制作桌上的装饰品；很多有着有趣树皮的阔叶树树枝则可以用来制作树皮摹拓画和自然拼贴画。

宠物的作用

让动物成为你家庭的一员——要培养孩子珍爱生命的意识，没有比这更好的方式了。宠物能帮助孩子慢慢建立同情心和责任感。即使是很小的孩子也能将宠物的碗洗干净，并在其中盛满食物，大一点儿的孩子则可以学着清洗围栏和宠物窝，或者带着狗出去散步。如果家庭条件允许，除了常见的猫和狗以外，也可以考虑养一些小型农场动物，如兔子或小鸡。

动物是我们在地球上的伙伴。曾经，人类觉得自己是自然的主宰，现在，很多人意识到，我们和世界上的所有植物、动物都是相互依存的。动物值得被保护和友善对待，而不是残忍伤害。这样的态度始于家庭教育。

森林漫步

去郊外或风景区走走，让探索自然成为你家庭生活的固定组成部分。

你可以设定一些目标让徒步变得令人兴奋——让你的孩子完成收集一些特别样本的任务，比如不同类型的花、树叶、草或石头。每个孩子都可以拿一个小纸袋装他们的样本。你可以选择向他们解释，选择的样本是你认为有趣或想了解得更多的东西。你可以规定每个孩子收集样本的上限（最多5种东西）。一个能照相的手机便于拍摄路过的动物和鸟类、有趣的树皮和菌类，还有结网的蜘蛛。

当你在户外漫步时，一定要和孩子谈论正在经历的事情。可以说说天气和季节，比如他们注意到了什么？天空看起来怎么样？天气是晴朗还是多云？指出他们可能没有注意到的事物或现象，比如树上叶子的颜色和其他特定季节才会有的现象。行走的同时，鼓励孩子偶尔保持安静，这样在观察自然时还能听到大自然的声音。

不要因为坏天气而取消计划——让孩子体验雨滴到脸上或风刮过身体的感觉并没有坏处。成长中的孩子拥有走与他们的年龄相匹配的千米数的潜力，所以别低估他们的能力。停下来吃点儿零食或进行野餐可以给他们恢复体力的时间，也能让他们有机会观察和享受周围的户外世界。

保护自然

回到家后，将搜集到的所有样品倒入一个塑料袋中，让孩子一一告诉你这些是什么，它是有生命的还是无生命的，从哪儿发现它的，对它了解多少。另一方面，应该引导孩子在徒步时关注天气、鸟类和森林的声音，把孩子看到和听到的记录在笔记本里，并告诉他们，如果人类无节制地从大自然攫取，最终什么都不会剩下。

独辟蹊径

离开小路，孩子能爬上木桩，在小溪划桨，感受踩树叶时的沙沙声和踩泥土时的松软。

在实践中 户外活动

在各种天气尝试外出。沿着你熟悉的本地公园或郊区的一条路线走下去，让孩子理解四季及其变化。

树叶课程
叶子是反映季节的最佳信息来源。让你的孩子描述它的形状、质地和颜色。

活的生物
观察蚯蚓如何在树叶上爬行是你家的小小科学家的兴趣与爱好。

这样看
教你的孩子如何用双筒望远镜观察鸟类。带一本观察手册，帮助孩子辨别他所看到的事物。

高处的景象
跟随孩子的步伐节奏，允许他随时停下，消化他所看到和感受到的事物。坐下来仰望树梢会提供一个不同的视野。

学会观察

花时间停下来检视你的孩子在旅途中被吸引的事物。别让太小的孩子注意太多他们所发现事物的细节——让他们向你描述他们看到什么就行了。

户外活动小建议

计划一次舒适的徒步旅行，给自己一些额外时间做做如下事情：

跟踪一只松鼠；认养一棵树；卷起树叶；坐在湖边观察鹅；寻找野生草莓；搜寻造型奇特的石头；搜索野花（别摘它们，而是观察、研究并记住它们）；后背靠在树干上，仰起头观察树枝；听风；看鸟回巢；追逐一只蝴蝶；研究阳光下各体物体的影子；学习你家附近树的名字；研究树叶的形状；用木炭和描图纸做树皮摹拓；收集种子；寻找小树苗；搜集松果；搜寻动物脚印；找到一棵被伐倒、树干开始腐烂的树，看看里面都住着什么；闭上眼坐着不动；倾听鸟鸣；寻找蕨类植物；闻微风吹过的味道；寻找精灵可能居住的小峡谷；在草地上野餐；张开双臂作飞机状跑下山；放一条塑料船让它顺流而下；拿一个袋子，沿途拾起垃圾；寻找蘑菇，但别吃。

打造你自己的
自然博物馆

当你的孩子带回一些样本，帮他建立属于他自己的自然角，让他能够在那里观察和学习。

大多数孩子都强烈希望从大自然采集一些样本回家，如果你找到合适的方式储藏这些东西，他们会非常高兴。根据家里可安排的空间，自然角可以是一个简单的摆放标本和展示户外照片的桌子，也可以是能够容纳他找到的甲虫、青蛙、乌龟或其他小动物的玻璃器皿。

在我家里，我们把这个小小的自然博物馆称为“露珠旅馆”。在春天和初夏，我们用小花盆来栽种从附近树林里采来的野花和树苗。我们把毛毛虫带回家放在有盖的玻璃容器中，观察它成蛹并变成蛾子或蝴蝶的过程。我们收集青蛙卵，看它们变成蝌蚪，然后去附近的池塘将它们放生。有时，我们甚至会在孵卵器中孵化小鸡。当然，家里宠物生下小猫或小狗的时候总是最让人欢乐的。

“大一些的孩子喜欢画出或用照片记录大自然，从全景式风景到单独的一朵花……”

我们的孩子会研究花朵，如比较不同种类的花的特征、数花瓣和雄蕊。在秋天，他们会采集水果、坚果和浆果，留意它们是如何分布的，并看看哪些动物把它们当作食物。他们将样本带回家中的自然博物馆，仔细辨别，贴上标签进行展示。他们也会收集干花和枯叶，将它们贴在硬卡纸上或装入小的剪贴簿里。在小架子上，孩子们会展示他们的收藏：被遗弃的鸟巢和蛋，蜕掉的蛇皮，树节和树皮样本，蚕茧，昆虫标本，动物骨头等。

能紧紧盖起来的玻璃饲育箱为蚂蚁、变色龙、蝾螈、鲈鱼和乌龟提供了暂时的家。根箱——一面是玻璃的花盆，能从外面看到根的生长过程，特别受孩子的欢迎。

从小事做起

可以让孩子从准备一些基本工具开始：放大镜、简易显微镜、小虫培养箱或罐子、动植物识别指南、卡片标签，以及剪贴簿。随着他兴趣的发展，你也许需要增加一些高级设备，如蚂蚁农场、根箱、陆地动物饲养所、水族箱，以及保温箱。将鸟类喂食器和巢箱放在外面。你现在可以买一些商用的蝴蝶包，在一年中合适的时候都可以将蝶蛹送到你家。

当你的孩子长大一些，他可能会开始写日记，记录下在家中和野外看到的事物和现象。你可以鼓励他捕捉生活中的美丽与奇妙，以此创作诗歌和故事。大一些的孩子常常喜欢画出或用照片记录大自然，从全景式风景到单独的一朵花、一片树叶、一根羽毛，或者是带回家的蘑菇。

眼睛观察
欧文通过放大镜仔细地观察事物。

基于自然的 聚会游戏

很多适合孩子玩的团体游戏教会他们认识这个世界。以下就是3个有代表性的游戏。

当一大群孩子因为某个原因（如参加生日派对）聚集在一个特殊场合时，玩游戏能让他们认识世界的某些方面，同时也能娱乐自己。

水潭游戏

这个游戏需要8个或更多孩子一起——你会希望他们在院子里玩儿，而不要将屋内的地毯弄湿。告诉孩子们，他们要扮成动物，比如羚羊，在晚上来到水潭边饮水。另外一个孩子扮成捕食者，比如狮子。“狮子”坐在由水杯围成的一个大圆圈中间，戴上眼罩，手持喷水枪。“羚羊”一个接一个地悄悄接近水杯，将杯子拿起，并回到自己的座位上。“狮子”看不到任何东西，只能依赖听觉。如果他听到“羚羊”的动静，可以向声音传来的方向开枪滋水一次。被射中的“羚羊”需要离开队伍。一旦所有“羚羊”都拿到水杯喝到了水，或者全被抓住，则游戏结束。

食物链游戏

这是捉人游戏的一种变形，让孩子通过游戏了解简单食物链的基本概念。选择一个四级食物链，向孩子描述它。比如，蝗虫吃植物，青蛙吃蝗虫，鹰吃青蛙，组成了一条完整的食物链。

- 将所有孩子分成3组，共10人，包含7只“蝗虫”、2只“青蛙”、1只“鹰”。
- 给扮演蝗虫的孩子每人一个小塑料袋，代表蝗虫的胃，在每个孩子的手臂上绑一条棕色的宽缎带。
- 给扮演青蛙的孩子每人一个大一些的袋子，代表青蛙大一些的胃，在每个孩子的手臂上绑一条橙色的宽缎带。
- 给扮演鹰的孩子一个最大的塑料袋，代表鹰的更大的胃，在孩子的手臂上绑一条绿色的宽缎带。
- 现在，在地毯或草坪上撒一层薄薄的爆米花，代表蝗虫吃的植物。向“蝗虫”解释如何“吃”这些

捕食者的捕猎
“狮子”安静地坐着，伺机在水潭游戏中抓住“羚羊”。

标出不同

每只“动物”在游戏中都有一条缎带和一袋代表食物的爆米花。

植物：每次弯腰捡起一个爆米花，然后放入自己的塑料袋中。让“青蛙”去追捕“蝗虫”，如果抓到了，可以将那只“蝗虫”胃里（塑料袋里）的爆米花都装到自己胃里，“蝗虫”出局。然后，让“鹰”去追捕“青蛙”。同样，如果抓到了哪只“青蛙”，可以将其胃中的爆米花据为己有，“青蛙”出局。5分钟后，看看有多少“蝗虫”和“青蛙”还在游戏中，从食物链中生存了下来。

生命网游戏

这是一个适合雨天玩儿的游戏，可以由10个或以上孩子参加。你需要选择一些填充动物玩具或动物图片来代表生命网中的动物——鸟、虫子、青蛙、乌龟、鱼、蜜蜂、牛，或者其他任何常见的你希望包含在游戏中的物种。你也需要一些花草树木的图片，以及代表水的海洋图片。另外，你需要不同颜色的长的绳索。

邀请所有人坐下来围成一个大圈。问：“谁来当太阳？太阳请坐在我们这个圆圈的中间。”坐在中间的孩子可以穿上黄色的衣服来代表太阳。“现在，让我们问问奥利维亚，你想当哪种植物或动物？想当狼？很好！请把这个玩具狼拿走，放在你的膝盖上。”当所有孩子都挑选好自己的角色后，让他们轮流回答。“谁需要太阳？鸟需要太阳吗？对，它们需要！”“谁需要水？鸟需要水吗？需要。大象需要水吗？是的，它们需要！”

当你将每一种植物或动物和它们需要的事物联系起来时，在二者之间拉一条绳子。这就逐渐建立起了生命网，最后完成时，会非常复杂而美丽。“看，我们都需要彼此！”

食物链顶端

绑绿色缎带的“鹰”抓住了“青蛙”，缴获一袋爆米花。

让文化
变得生动

向孩子客观地介绍不同的文化能培养他们的好奇心，并有助于消除偏见。

地球大家庭由不同种族、不同文化的人共同构成。我们有着相同的需求，相似之处大于差异。今天，大多数社区都能看到不同种族和不同文化背景的人。作为家长，我们应让孩子学会与各种各样的人和谐相处。偏见不是天生的，而是后天习得的。我们的首要任务是让孩子在多元社会中开明而舒适地成长，和来自每一种文化的人温和而积极地互动。我们可以通过向孩子介绍不同文化与种族背景的人，向孩子传递积极的意见与观念，以及探索和体验不同国家的文化来达到目的。

文化研究

去认识远方，去梦想，去想象，去憧憬有一天能到达那些未曾去过的地方，这些能让孩子和成人以开放的姿态拥抱世界，变得更幸福。没有什么教育目的比这更重要。在蒙台梭利学校，文化研究让孩子更好地理解、欣赏与赞颂不同的文化和国家。为实现我们的目标，需要让孩子切实体验一些异国文化。蒙台梭利学校利用多种感觉能力、亲身体验和举办国际庆典的方式来了解世界。我们每次专注于研究一个主题，从不同角度来审视它。比如，当我们研究非洲时，我们会关注那片土地，那里的气候，那里的植物和动物，那里居民的居住环境、食物、穿戴、生活方式、故事和传说、艺术、音乐、传统舞蹈和庆典。

你在家中也可以采用类似的方法。年幼的孩子总是对其他国家的孩子感兴趣，并喜欢听有关这些孩子是如何生活的故事。他们享受尝试新艺术、欣赏音乐，喜欢学习世界各地的歌曲和民族舞。他们觉得穿不同的民族服装很有趣，而且会在脑海中留下持久印象。探索不同烹饪方法制成的食物可给人以多重感觉体验，大部分孩子如果参与了食物的准

多样性盛宴

以建立这样一种家庭生活为目标——毫无偏见地发现世界与其多样性文化的迷人之处。

备过程，都会愿意尝试新口味。

哪种文化

认识不同文化要从简单的事情开始。在第一年只专注于一个国家。你可能会想从一本有趣的图画书或关于这个国家的一部电影开始。简单的事情，比如收集图片和明信片就是很好的开端。

努力记住以下几点：

- 一开始，你需要承认你对于你们正在研究的文化并不是事事知晓，但你和你的孩子一样，都会在此过程中学到不少知识。
- 表达好奇与探索的欲望。假装你们要一起去这个有趣的国家旅行，你们正在为此准备。
- 始终用尊重与关切的态度谈论这种文化，因为孩子会察觉你潜在的情绪。
- 确保你分享给孩子的关于这种文化的所有知识都是真实准确的。

俄罗斯套娃
利用套娃这样的纪念品能进行很棒的感觉训练。

◆ 学习一些你选择的国家的语言，如简单的问候和礼貌用语，和孩子一起练习。

办一次小型展览

从互联网和书上搜集尽可能多的关于你们选择研究的国家的信息。从来自这个国家或去过这个国家的亲戚朋友处借来一些手工制品：有些人可能会借给你一些当地的手工艺品、音乐唱片或民族服装。可以在你家安排一个短时间展览，然后将这些还回去。

如果你正好能去到你感兴趣的这个国家，收集一些有这个国家特点的事物。你可以寻找一些邮票、硬币、纸币；报纸和杂志；印有城市风景、著名地标与日常生活场景的海报和明信片；车票和地铁票，以及博物馆和美术馆门票；小手工艺品，如陶器、篮子、雕刻品、小塑像、建筑模型、船模，以及穿着传统民族服饰的玩偶。选一些适合孩子穿戴的传统服饰。

在你的家中布置一个特别区域，放上桌子或架子，展览你的这些宝贝：玩偶、玩具、艺术品、书籍、房屋模型、收集的图片、硬币等。你也可以在展览物品后面的墙上挂一些海报和画，作为展览的组成部分。你的孩子和他们的朋友会觉得这样的文化展览很吸引人。如果能用一些纸灯笼、雕塑、明亮的印花桌布、旗子、扇子和鲜花来装饰就更好了。

民俗节日

每年，你的家庭都会庆祝一系列节日。通常，有一些是基于家庭传统的重要的宗教与文化节日，还有一些是你所在国家的节日庆典。在中国，这些公众节日包括：

- 元旦
- 中国新年（春节）
- 元宵节
- 情人节
- 清明节
- 国际劳动节
- 母亲节
- 国际儿童节
- 父亲节
- 端午节
- 七夕
- 教师节
- 中秋节
- 重阳节
- 国庆节
- 万圣节
- 感恩节
- 圣诞节

蒙台梭利式
生日派对

蒙台梭利学校提倡在家采用特别的庆祝方式，让孩子度过难忘的生日。

传统的生日派对总是将焦点集中在礼物、礼品袋和大量的含糖食物上。而蒙台梭利式的生日派对则会采用不同的方式，在此过程中引入更广泛的文化与仪式。孩子会对地球和太阳的关系产生最初的印象，并被告知地球绕太阳旋转一周的时间就是一年。孩子也会听大人讲述他们成长的故事，一年又一年，从出生到现在。

“蒙台梭利式生日派对会在过程中引入更广泛的理解与仪式。”

什么是一年

你需要一个小地球仪来代表地球，一支蜡烛或一盏台灯来代表太阳，并用胶带或长长的纱线在地板上标出一个圆圈（或更为理想的椭圆），代表地球围绕太阳公转的轨道。为孩子迄今为止的生命中发生的重要事件做好记录，收集他不同年龄的照片，这些能帮助讲述他的生命故事。

在你的孩子生日当天，让家人们围坐成一排，给小寿星充分的自由活动空间。把蜡烛（或台灯）和地球仪拿出来。准备好你的记录和照片。将蜡烛放到地上的圆圈中央并点燃。提醒孩子这是火，而且温度很高，所以他们只能坐在自己的位置远远观看。

你可以告诉孩子：“这支蜡烛（或烛光）代表太阳——就是我们看到的挂在天上的太阳。太阳是一个巨大的不断燃烧着的火球，并且不会熄灭。”

然后，你可以拿着地球仪沿着地上的轨道慢慢

循序渐进 庆祝

在这个仪式上，孩子会认识到年龄与地球绕太阳公转的历程有关。

第1步
蜡烛代表太阳，地球仪代表地球。照片记录下了米娅生命头4年的故事。

第2步
米娅的妈妈在绳子围成的圆圈中央点燃了蜡烛，并解释地球是怎样用一年时间围绕太阳旋转一圈的。

第3步
米娅拿着地球仪围绕“太阳”转了4圈。每转一圈，妈妈描述一下米娅在那一年的故事并拿出一些照片。

第4步
米娅的朋友唱生日歌，米娅吹熄蜡烛标志仪式的结束。现在是享受美食和游戏的时间了。

走动，说："这个地球仪代表地球，就是我们所生活的星球。地球围绕着太阳转，转上一圈需要不少时间。每当地球绕着太阳转完一圈，一年就过去了。"

现在，把地球仪交给小寿星，让她按你之前做的，沿着地上的轨道慢慢走。你可以在她准备好后开始讲述她的故事："今天是米娅的生日，我们会用特别的方式来庆祝。米娅将会拿着地球仪沿着轨道慢慢走4圈，因为她4岁了。

"现在米娅刚刚开始她的旅程。她还没有出生。妈妈和爸爸非常焦急地等待着她降生的时刻，奶奶和爷爷也来到我们家，准备在宝宝来到这个世界时帮忙照顾。米娅，你能向前迈一步吗？"于是米娅向前迈进一步。"现在米娅出生了。她很小——只有这么大——全身粉红，被包在毯子里。妈妈和爸爸非常自豪。这张照片是米娅刚出生时的样子。"

"米娅，你能沿着轨道走一圈吗？请在回到原点时停下。米娅1岁了，她正在和家人一起庆祝她的1岁生日……"用这种方式继续讲述故事。当米娅绕着轨道走完和她现在年龄相符的圈数时，你可以说："米娅现在4岁了，今天是她的生日。地球绕着太阳转了4圈，自米娅出生以来，4年过去了。"

你可能希望庆祝仪式在生日歌合唱中结束，然后让你的孩子吹熄蜡烛。

记忆盒子

将每年收藏的纪念品都放在一个盒子里，这样孩子能在不同年纪回顾这些物品，以加深他的记忆。

时间胶囊

有些家庭喜欢收集一些时间纪念品，帮孩子回忆并记住过去一年都发生了什么。这些物品可能包括照片、一些家庭电影片段、来自妈妈和爸爸的信，以及一些孩子决定添加的艺术品或其他东西。这个盒子应该放在他随时能安全取出翻看的地方。

我小时候

米娅和她的朋友阿里分享她不同年龄时的照片。

6

学习的
最佳时机

学习的基础

语言敏感期从出生就开始了，所有的孩子都会对词汇丰富的环境有所反应。

有些孩子在非常早的时候就进入了学习的敏感期，而另一些孩子要等长大一点儿才会对此表示出轻微的兴趣。如果方法得当，你可以增加孩子对阅读、书写、算数的学习充满自然热情的概率。本章会向你展示，在提供适当激励与支持的家庭环境中，怎样让孩子按他自己的节奏发展。

大声朗读

大多数家长都会为孩子提供各种各样的书来阅读，从第一个孩子降生起。出版者渐渐认识到儿童图书有美丽插图的重要性，并优中选优。我的祖母就曾经说过："这么多年来，不管预算多紧，我们总会省出买好书的钱。"

当你的孩子能够坐起来并集中注意力后，他

爱施压的家长

学习不是赛跑！孩子有自己学习的节奏，而且通过观察发现，通常家长越逼迫，孩子越抵触。爱施压的家长把孩子视为自身生命的延续；如果自己的孩子3岁就会阅读，显然他们就认为已经做好了家长应该做的。但如果导致孩子因此而厌恶上课、辅导、作业和考试，这难道是我们希望看到的结果吗？

"当你的孩子能够坐起来并集中注意力后，花时间和他一起阅读各种各样的图画书吧。"

家庭阅读时间
有规律地为孩子读书能培养他们爱阅读的习惯。

会享受短时间坐在你的膝盖上看图画书的时光，听你讲述翻开的这一页上的故事。随着他慢慢长大，每天都要尽可能地为他朗读，任何你方便的时间都可以，而不仅仅限于睡前时间。关注他最喜欢的内容，并尝试维持你的热情，因为你有可能被要求一遍又一遍地读它。孩子会在不断重复中吸收消化那些故事。

不断说话

当你照顾婴儿和学步期幼儿时，和他们说说你正在干什么。这能将你的动作和语言联系起来，帮助孩子扩展词汇量。“我要给你换尿布了。哦，天哪，你真的尿湿了！”“我要把你抱起来了。好了，现在我会把你高高举起，放到我的肩上。”对孩子说出你所看到的他们的表现。“你一定很渴。

一起"聊天"
对孩子说话时要清晰而明确。他的眼神会告诉你他是否理解了你所说的话。

你今天喝了很多水。”“你挖了一个正好适合栽这株花的坑，现在你可以将花种下去了。”你说话时必须表达得清楚明确：“将所有的监扣子都收集到一起。”尽管你的孩子可能还不明白这些话的准确含义，但也没有必要一直用“儿语”交流。

不要随意假设孩子理解你所说的话，这一点很重要。尽量用简单的单词和词组，在你说话时看向他的眼睛。如果你看着他的眼睛，往往就能知道他是明白你说的话，还是感到困惑。他有没有将目光移开？如果你的孩子看起来并不明白，向他演示你所说的意思。

当孩子的理解力变得越来越强，你使用的语言应该包含更复杂的词汇和句子结构，让他拓展新的词语。将电视或广播关掉，除非你们在一起看或听——嘈杂的环境会妨碍语言发展。

如果你的孩子还很小，可以帮助他用语言以外的方式来交流。用角色扮演游戏来讲述故事或表明情况，并让孩子也加入。“假装你正抱着一只巨大的狗，像马那么大！”“想象你是一只在天空飞翔的小鸟，像这样拍拍你的翅膀！”你也可以用动作或表情表示出很多词语的意思，比如大、高、快、慢、微笑、悲伤等。大一点儿的孩子也会喜欢继续用这样的表达方式。

“当你照顾婴儿和学步期幼儿时，和他们说说你正在干什么。这能将你的动作和语言联系起来。”

YOUR CHILD'S BRAIN

孩子的大脑

孩子的词汇量很重要。一项针对英国学龄儿童的研究发现，在一组100个7岁儿童研究对象中，根据词汇量从高到低进行排序，前25%的孩子拥有约7100个基本单词的词汇量，而表现较差的25%的孩子只有约3000个单词的词汇量。在其后追踪调查的5年中，低单词量孩子需要每天学习3～4个新的基本单词。家长对孩子的单词输入被证明是主要影响因素，不论家庭背景如何。

教授日常物品名称

教给你的孩子房间中物品的正确名称。在他们的语言敏感期，孩子能很容易地吸收新词语并理解它们的意思。他们学到的词汇越多越好！你的孩子可能会自己编词语或发错音，但你不要顺着他们说，而要使用正确的物品名称。随着认知能力的提高，认识到你的孩子的理解能力和发音系统也会随之提升和完善。比如，你的孩子最初学会了单词“狗”，并能将狗和猫区分开。接着，你可以开始教他一些定义狗和猫的高级词汇，告诉他这只名叫“饼干”的狗是一只法国贵宾犬，邻居家的狗“托比”则是一只巴吉度猎犬，等等。常见的动物、鸟类、花、树、水果、蔬菜、身体部位的名称，以及在你家周围能看到的事物也是很好的学习对象。在学习过程中，可以按蒙台梭利3阶段课程（见对页）来学习。拥有较大的词汇量是终身学习的坚实基础。

运用描述性词语

一旦你的孩子掌握了很多事物的名称，你可以教他一些描述性的词语来扩展他的词汇库。从描述物体颜色的词汇开始，首先介绍基本色（红、蓝、黄），然后是次级色（绿、橙、紫、棕等），接着是一些熟悉的混合色（紫丁香色、玫瑰色、粉蓝色、黄褐色等）。你可以教他们如何用这些词汇形容颜色，比如淡蓝、深粉、明黄。你也可以教给孩子形容尺寸（大或小、高或矮、窄或宽）、味道（咸、甜、苦、酸）、重量（轻或重）、质地（粗糙或光滑）等的形容词。

当你的孩子学会基本形容词后，开始教他一些表示比较意味的词：更大和最大、更长和最长、更高和最高。这些词汇的运用在孩子进行本书第二章提到的感觉游戏时非常重要。“这些立方体中哪个最大？其次是哪个大？”

当你的孩子已经很好地掌握了一些形容词时，让他尝试用自己的语言描述事物。“你会怎样形容托比（邻居家的巴吉度猎犬）？”鼓励他复述故事，或者让他说说和你一起准备晚餐的时候他正在干什么。

指令游戏

虽然并不见得总是如此，但大多数孩子都喜欢在游戏中听从指令。大人可以从简单的单步骤指令开始：如“请给我玩具车”或“请给我停在那儿的玩具车”，然后逐步增加对物体的本身和它所在位置的描述，让指令变得更有挑战性。“你能把放在架子顶层的大红色水桶给我拿来吗？”对孩子来说，如果你说的物体在另一间房里，任务难度会更大。但如果指令的难度增加过快，不要惊讶，他们真的有可能迷路。

当孩子长大一些，可以增加指令的步骤让游戏更具挑战性。“请你将这些花拿到洗手池边的柜子上放好。然后，选一个花瓶，盛上大概这么多水。接着，把花插到花瓶里，装点桌子。当你完成所有步骤后，把花瓶和花都留在桌子上，作为给客人的特别礼物。”

丰富词汇量

蒙台梭利教师会运用3阶段课程帮助孩子扩充词汇量。孩子通过将名称和物体联系起来学习单词的含义。比如，以下是对你如何教会孩子次级颜色名称的建议。

第一步，向孩子展示一块橙色的颜色样板，说出颜色的名称：“这是橙色。”然后拿出一块绿色的样板，说：“这是绿色。”最后，举起一块紫色的样板说：“这是紫色。”

第二步，帮助孩子建立起语言与他自己的体

验之间的联系，给出颜色的名称，让他找出来。对他说“给我指出橙色”，他应该指向橙色的颜色样板。要求他指出紫色，他则应该指向紫色的色板。如果你的孩了指错了，重新再教一遍。回到第一步，指着紫色的颜色样板重新说“这是紫色”，指着绿色的样板说“这是绿色”。

第三步，我们让孩子自己说出颜色的名称，指向其中一块颜色样板问：“这是什么颜色？”你的孩子回答：“橙色。”如果他说错了，再从头开始，照第一步和第二步的方法耐心地确认每一块色板颜色的名称。

各种各样的词语

你可以运用三阶段课程方法来向你的孩子介绍许多不同的日常物品，如不同种类的水果、蔬菜（比如下面所示的辣椒、洋蓟、南瓜）、动物、鸟类和生活用品。连续几天或几周用重复的物品来进行学习——只有当你清楚知道孩子记住了第一阶段的词语以后再开始引入新的物品。

随着孩子的成长，你可以继续用这种方法来增加孩子的词汇量，介绍几何类（等边三角形、正方形、立方体、五角形）、植物学（草、树、叶、花、茎、花瓣、雄蕊）或地球表面的陆地和

循序渐进 三阶段课程

一旦学会了这个简单步骤，便可以在多种情况中运用。这很有趣，因为它让孩子渐渐建立起自己的认知体系，而不是尝试找出错误。

第1步
欧文的妈妈正在告诉他3种不同蔬菜的名称。她每指向一种蔬菜，就会说出相应的名称。

第2步
现在，妈妈让他指出哪种蔬菜是南瓜。她把3种蔬菜都轮流问了一遍。

第3步
接着妈妈拿起其中一种蔬菜，让欧文说出它的名称。他很激动地发现他知道答案。

水（山、岛、湖泊、海洋、河流、地峡）的相关词汇。他们知道得越多，就会越有兴趣观察并尝试认出周边的事物。

讲故事

让你的孩子挑一张杂志中有趣的图片，剪下来。然后让他讲一些关于图片中人物或动物的事情。大一点儿的孩子可能会编一个故事。逐字逐句记录他所讲的，输入电脑，然后用大号字打印出来。如果每一张纸只打印一句话，你的孩子可能会希望在文字下方粘上他的图片，然后在不同页加上他自己的说明。如果在质量较好的纸上打印出这些话，还可以在页边打孔，用缎带穿孔，装订成册。

当孩子完成他的作品后，让他签上自己的名字。如果他还不会写，鼓励他用一个记号或一个字母来代替。他会开始领会纸上写下的记号与说出的词语之间的联系。

问题和感受

当你的孩子准备好诉说的时候，你要准备好倾听。其他时候，你可以引导他，比如，问他觉得接下来故事会如何发展。“熊宝宝是如何知道别人坐过他的椅子的？”“因为椅子坏了，肯定是大块头的动物坐坏的。”保持这样的对话，避免可以用简单的“是”或“否”回答的封闭式问题。开放式的问题会帮助孩子发展语言组织与表达能力。“如果你是一只鸟，当你从天空高高飞过我们的房子时，你会看见什么？”“如果……会发生什么？”

鼓励你的孩子说出他的感受。准备一套从杂志上剪下来的照片，上面要显示人正在经历的不同情绪——高兴、悲伤、愤怒、恐惧。问问他每张图片中的情绪是什么，然后让他说出自己的感受。比如问：“你觉得害怕的时候会怎么样？”你也可以借助手套布偶充满感情地讲故事，并让你的孩子也为布偶配音。孩子常常觉得这样的方式更容易表达自己的感受。

“开放式的问题会帮助孩子发展语言组织与表达能力。”

故事时间

让你的孩子挑选一张喜欢的图片，然后向你讲述它的故事。这能帮助孩子扩展词汇量和提高讲故事的技能。

阅读与
书写之路

学习阅读的过程和学习说话的过程一样简单。

在蒙台梭利学校，我们用自然拼读法帮助年幼的孩子清晰地理解书写单词是如何将我们语言中的语音进行编码，转化成字母表中的字母符号的。运用这种方法，孩子能够掌握每个字母的发音，也能知道每个发音代表的是哪个字母。一次一个字母，直到完全掌握整个字母表。只要有一些基本教具，你也可以在家中使用同样的办法。

展示字母

将字母向你的孩子进行分组展示：

第一组	c m a t
第二组	s r i p
第三组	b f o g
第四组	h j u l
第五组	d w e n
第六组	k q v x y z

砂纸字母

这里提供了一个同时利用触觉及视觉来帮助孩子学习字母表的方式。制作砂纸字母需要一套26个由着色薄纤维板制成的小写字板，在每个写字板上，用砂纸剪出小写的字母后贴在平滑的有背景颜色的板上即可。注意，辅音字母用粉色或红色的背景板，元音字母用蓝色的背景板，以帮助孩子区分。砂纸字母可以从很多供应商处直接买，也可以自己制作（见对页）。

通常从3岁开始，或者当孩子表现出兴趣时，父母可以利用砂纸字母一次介绍一个字母给孩子（参见左边方框内文）。在介绍过程中，告诉他如何用食指和中指触摸砂纸字母，描画它是怎样书写的。你还可以进一步示范，在一个由三个字母组成的单词中，如“cat”的“c”字母是如何发“kuh”音的。

和孩子一起坐在小地毯上，拿起3个砂纸字

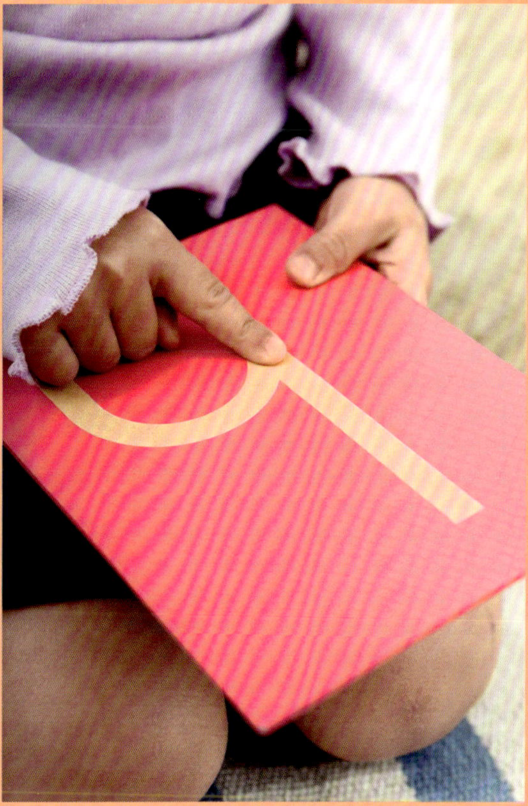

如何制作砂纸字母

用薄纤维板或牢固的纸板准备26个20厘米×15厘米（8英寸×6英寸）的写字板。有些字母，比如“w”，可能需要更宽的写字板。用无毒的喷涂瓷漆来喷涂写字板。用蓝色颜料喷涂元音字板——a、e、i、o、u，用粉色或红色颜料喷涂辅音字板——b、c、d、f、g、h、j、k、l、m、n、p、q、r、s、t、v、w、x、y、z。

然后，你需要从细砂纸上剪出字母。我们准备了相应字母的制作文件，你可以从我们的网站上下载（http://www.montessori.org/assets/files/405/alphabet_low.pdf为小写字母文件，http://www.montessori.org/assets/files/405/alphabet_caps.pdf为大写字母文件），把它们打印出来，然后用裁纸刀裁出可以覆在砂纸上的模板，按模板的形状剪出26个砂纸字母。把每个字母都贴在写字板上，有砂纸的一面朝上就好。接下来的步骤是教孩子如何用手指描画砂纸字母。确保孩子有自己的节奏。

母，比如发“kuh”音的字母“c”、发“aah”音的字母“a”和发“tuh”音的字母“t”。用到“c”时，说：“这是‘kuh’，你能发出这个声音吗？”大多数孩子会跟着你读。现在，让孩子触摸并读出这个字母。当他感受字母的形状时，他同时接受了3个方面的印象：字母的形状，字母的书写方法，以及你的发音。然后，从发音来联想字母：“kuh、cat、can、cap……”这是三阶段课程（见179页）的第一阶段。

这时候，可以用相同的步骤介绍第二个字母，继续课程的第二阶段。“你能递给我‘kuh’吗？你能递给我‘tuh’吗？”如果孩子犯了错误，重新开始第一阶段的课程。“你能递给我‘tuh’吗？你能递给我‘kuh’吗？”

这时候，用第一和第二阶段的方法介绍第三个字母“aah”。进入课程第三阶段，拿出字母“c”“a”和“t”的写字板放在孩子面前，让他按顺序发出上面的读音“kuh”“aah”“tuh”——“cat”。这样，他就读出了他的第一个单词！

慢慢介绍更多的字母，孩子每周可能认识2个左右，直到他掌握整个字母表。记住，跟随你的孩子。如果他烦了，那么就结束课程。你的目标是让孩子建立对学习的热爱，以及对阅读、拼写单词的真正兴趣，而不是不惜代价地培养一个很早识字的“神童”。

很多父母对蒙台梭利学校的这种方法很好奇：教孩子每个字母在语音学上的发音，而不是每个字母怎么读。在很长一段时间内，孩子可能不知道字母读什么，但可以发出相应的诸如“buh”“cuh”“aah”的发音。这能消除孩子在学习阅读时最不必要和让人困惑的步骤之一，你只需要告诉他：“‘a’代表‘apple’，发音为‘aah’。”

运用这种方法学习阅读，你会发现，孩子在能够顺利读出字母前，就能在几个星期到一个月的时间里用准备好的字母拼出简单的单词。这是蒙台梭利以科学的计划向孩子介绍语言的意外收获。不同于通过视觉来学习单词，孩子根据发音来拼写单词，比将单词“解码”成发音要容易得多。

在细沙上描画字母

对砂纸字母学习的一个很好的扩展是，邀请你的孩子在细沙上描画他正在学的字母。沙盘要深到足够使沙子意外溢出的概率减小到最低。在砂纸上描画了一个字母后，让孩子再在细沙上描画，这能够强化他描画这个字母的肌肉记忆，帮他最终过渡到书写。

控制铅笔能力的发展

在他能够学习书写前，你的孩子需要发展手部控制能力。很多在之前的章节中，我们曾提及的很多感觉活动都能够帮助孩子发展对书写来说很重要的手眼协调控制能力。现在，我们可以给他质量很好的彩色铅笔，让他在质量很好的纸上填色，作为向书写过渡的步骤。此外，我们还可以教他如何用平行的笔画小心填满某个形状。

小黑板和粉笔在你的孩子准备好书写的时候也很有用。父母可以让他用手指描画一个砂纸字母，然后尝试在小黑板上用粉笔写出来。当他能够写出独立的字母时，让他尝试挑战书写简单的单词。

沙上的字母

一旦你的孩子学会在纸上描画字母，他也可以在一盘沙子上对字母进行描画。

字母游戏

这个游戏能够加深孩子对他们正在学习的字母发音的掌握，并帮助他们认识单词的首字母。你需要收集5个物品名词，且要求它们的首字母一致。比如，对于字母“t”，你可能需要用到玩具火车（train）、卡车（truck）、拖拉机（tractor）……在垫子上铺上2～3个砂纸字母。然后将这些玩具都放到一个篮子里。让你的孩子选取其中一个事物，并说出它的名称。然后问他：“你在单词‘truck’的开头听到了什么声音？”一个一个清晰地发出“tuh”“rrr”“uhh”“kuh”的音。“‘truck’以发音‘tuh’开头，让我们把它放到砂纸字母‘tuh’的下面。”你的孩子应该继续游戏，直到把所有事物都放到相应字母下为止。

活动的字母表

当你的孩子通过砂纸字母开始认识一些字母并掌握了它们的发音后，你可以引入一个活动的字母表。这是一个带隔断的大盒子，格子里面装满塑料字母，就像老式的活字印刷对字母进行的那种分类模式。你可以购买蒙台梭利式移动字母表（见186页），或用其他为孩子制作的塑料或磁性字母代替。你的孩子可以选择一个小的事物或图片，然后用活动字母来拼写出相应单词。像使用砂纸字母一样，他要发出单词中一个个字母的发音，然后选出字母一个个摆好。

YOUR CHILD'S BRAIN

孩子的大脑

一项比较蒙台梭利学校孩子和美国其他学校孩子的研究发现，完成了3年蒙台梭利学校学前教育课程的5岁孩子在学业测试中的表现要明显高于对照组。12岁时，相比于其他同龄人，蒙台梭利学校的学生能写出更复杂和更有创造力的故事。

用粉笔书写

小黑板和粉笔是孩子练习正式书写之前，进一步训练在沙上学会的字母书写方法的好工具。

移动字母表

一个被分成26格的盒子，里面装着所有孩子用来拼写单词的塑料字母。

这种语音学方法被教育者广泛认可，是教会孩子阅读和书写的最为有效的方法之一。然而，记住，与意大利语和西班牙语不同，英语不是一种完全的表音文字。想想字母组合“ough”在不同单词中的发音就能明白：在“cough”中它的发音为“off”，在“rough”“enough”中它的发音为“uff”，在“though”中的发音为“ohhh”，在“thought”中的发音为“ott”。总而言之，英语中一共有96种不同的音标，如“ph-”“-ee”“ai”“oo”等。

当你的孩子开始拼写单词，组合短语、句子，甚至段落，他的拼写有时会显得有些想当然。比如，他可能会将单词“phone”拼成“fon”。在学习拼写的早期，不用忙着纠正他的错误——鼓励他更自信地拼写单词比让他因为错误而失去兴趣要好得多。

用活动字母表拼写单词的过程可以持续很多年，渐渐从3字单词、4字单词、5字单词到带复辅音（“fl”“tr”“st”）、双元音（“oo”“ee”）、不发声的“c”的单词等。

开始阅读

一般来说，从阅读和书写单个单词到书写句子和段落会有平稳过渡。对于这个过渡，有些孩子会发生在4岁，而有些则在五六岁。少部分孩子较早会开始阅读，另一些则要花费更长时间。记住，每个孩子都是不同的，如果你的孩子并不像同龄人那样渴望阅读，那么产生焦躁也毫无意义。

不管多年幼，只要你的孩子显示出对阅读的轻微兴趣，就可以立即开始教他如何阅读。当他准备好后，孩子会将所有能力综合，开始自己读写。用电脑制作出写着常见事物名称的卡片，孩子就可以将这些卡片贴在家里相应的东西上。

动词游戏

当你的孩子已经识字，你们可以尝试用一种更复杂的方法来做指令游戏。制作一套卡片，在每张卡片上印上一个单词指令（一个动词）。

游戏时，孩子选出一张卡片，阅读它，然后你举着它，由他跟着上面的指示做动作。比如，跳跃、微笑、打呵欠、睡觉、鼓掌、坐下、站起来、挥手、吃东西、喝水、把手放在头上等。

一旦孩子能阅读单词指令卡片，可以制作更多更复杂的、包含整个句子的卡片，如写有“把泰迪熊拿给我”或“像鸭子一样绕着屋子走一圈”的卡片。

学习数学的第一步

用游戏和学习内容实物化来教会孩子简单的数学概念。

学习数数是日常生活中最简单的活动。你可以在很多情况下和孩子一起数数：一起做饭时，数数你需要舀出多少勺米；一起在外散步时，把步数从1数到10，然后重新开始。这里有一个简单的游戏，将一个豆子袋在你和孩子之间轻轻地抛来抛去，每抛一次算一次数，持续数到你的孩子知道的最大的数，然后当你的孩子不知该如何往下数时，由你继续数下去。

数字的意义

通过数单个的物体来抓住数字的意义一开始很难。年幼的孩子即使会按顺序从1“数”到10，绝大多数也不能理解数量1与其他超过数量4的物体的差别。他们大概会这样想：“1、2、3……很多！”

一个避免出现这种情况的方法就是：运用一系列的红蓝分节棒教具让孩子看到形象化的数字与数量概念，而不是尝试教他们数单个的事物。在蒙台梭利课堂上，我们会使用一套长短不同的红蓝分节棒教具，每个长度相差10厘米（4英寸）。最短的小棒长10厘米（4英寸），被漆上红色；第二短的长20厘米（8英寸），分为两个10厘米（4英寸）的小节，分别被漆上红色和蓝色。依此类推，最长的那根长100厘米（40英寸），全套教具总共有10根。你可以购买蒙台梭利数字棒，或者自己制作（见190页）。

孩子通过使用这一教具能够开始感受到加法的性质，以及两个数可以互相相加的概念。比如，当孩子将代表数字“1”的小棒放到代表“2”的小棒下面，则它们便能组成一个新的和代表“3”的小棒一样长的分节棒。用它们能探索数字1到10之间的关系。

1、2、3
数数是一项基本的数学技能。

认识数字
介绍红蓝分节棒，向你的孩子展示如何将教具从最短到最长呈阶梯状排列，然后你们可以一起数不同的颜色分节。

制作红蓝分节棒

要制作你自己的一套红蓝分节棒，可以使用木条或胶合板，你需要将它们截成（或让人截成）10个不同的长度：10厘米（4英寸）长、20厘米（8英寸）、30厘米（12英寸），直到100厘米（40英寸）。将所有木条都喷上红色的漆，把它们晾干。

然后，用遮蔽胶带小心划分出需要喷蓝色漆的区域。比如，代表“1”的小棒是全红的，代表“2”的小棒的第一个10厘米（4英寸）是红色的，接下来的10厘米（4英寸）是蓝色的。代表“3”的小棒则是红、蓝、红。依此类推，直到代表“10”的小棒，应该是10厘米（40英寸）长，红、蓝共10个区域相间。

数字篮子

这些篮子能帮助孩子进入数字和数量概念理解的第二个层面。你需要一套10个篮子，每一个都贴上编号卡片，从0、1、2、3……9。你还需要一个大一点儿的篮子，里面装有45个一样的物品。在蒙台梭利学校，我们使用直径1厘米（1/2英寸）、长15厘米（6英寸）的木钉，但在家中你可以用一样颜色的大木珠子或晾衣夹。告诉你的孩子如何数出正确数量的物品，将它们放入每个篮子里：数1、2、3……9。自然地，贴了“0”的篮子里应该没有物品，告诉孩子，“0”的概念代表没有（空的）。如果你的孩子数得正确，当贴了“9”的篮子被正确的数量填满时，应该没有物品剩下了。

简单加法

你的房子中有许多东西可以利用起来，帮助你的孩子锻炼他的技能。尝试用洋娃娃来说明简单算术：“当妈妈和爸爸结婚时，家里有两个人。然后宝宝出生了，现在家里有几个人了？”你也可以用水果或其他能想到的东西代替洋娃娃。

在实践中 数学活动

在日常生活中，尽可能把所见的东西都数出来，这能帮助孩子理解每个数字代表的数量，从而自然地引入加减法则。

在篮子中
当把一个个豆子袋扔进篮子中，麦克斯大声说出了入篮豆子袋的数字。

数土豆
奥利在练习数数，确保每一个家庭成员晚餐都能有一个土豆。

最初的数学
欧文在数碗里的橘子。他的妈妈拿出了2个并问：“现在还剩下多少个？”

在家中
探索科学

你的家中是一个科学试验的理想场所，有助于孩子发现世界是如何运转的。

你和你的孩子在一起可以做很多科学活动。很多我已经在之前的章节中介绍过的活动都是有科学依据的，如感觉意识练习、在大自然漫步、在花园中劳作等。以下是更多让你的小小科学家进行有益探索的建议：

磁性还是非磁性

将若干小物品装在一个篮子里，确保其中一些是由铁质材料制成的，能被磁铁吸起来。准备两张卡片，一张写着“磁性”，另一张写着“非磁性”。让你的孩子用一个磁铁看看能吸起什么、不能吸起什么，然后将相应的物体放在正确的卡片旁边。

探索磁力
探索不同事物是否具有磁力是一项对小孩子来说非常有趣的活动。

生命体还是非生命体

将代表有生命的事物（有机的）和无生命的事物（无机的）的玩具和新奇的小东西装在一个篮子里。准备写有“生命体”和“非生命体”的卡片。在代表生命体的东西中，你可以选择鸟、森林动物、昆虫、树和人类的玩具；代表非生命体的东西中，你可以选择磁铁、顶针、玩具车、模型房子和小镜子。让孩子根据真实世界中这些事物有无生命来判断，将它们在合适的卡片下分类。

下沉还是上浮

收集一些物品，你知道有些在水中是会上浮的，其他则会下沉。让你的孩子预测哪些物体会下沉，哪些会上浮。准备一盆水，将这些东西放在水里，让孩子检验他的预测是否正确。

种子发芽

在这个试验中，你需要干燥的生青豆、纸巾、喷壶。教你的孩子如何将青豆放在纸巾里轻轻包起来，然后用喷壶里的水喷在种子和纸巾上。提醒他记得每天喷水，使种子保持潮湿，并且让孩子注意检查它发芽的信号。当它

漂浮游戏

你的孩子会喜欢测试物品在一盆水中是会上浮还是下沉。

发芽后，教你的孩子如何将它移植到装满盆栽土的小花盆里，提醒他定期浇水保持土的潮湿。

一篮生长的草

拿来一个小篮子，篮底铺上塑料包裹膜。帮你的孩子加入2厘米（1英寸）厚的卵石层，然后是5厘米（2英寸）厚的盆栽土层。教他如何将草种子撒在土层上，然后轻轻按下去。将篮子放在窗边，让孩子记得每天喷几次水，保持种子潮湿。大概两周的时间，他将能够看到草开始生长。

种袜子

在秋天，当我们从森林或深深的草丛中走过时，袜子和裤子往往会粘上一些有毛刺的种子。让孩子穿上一双高筒运动袜，并确保其套在裤子外面，然后让他去你确定能碰到这类种子的地方走走。当你们回到家后，将袜子放到盆里，然后将它移至充满阳光的地方。浸湿袜子，将袜子的一端留在水中，像灯芯一样继续吸收水分。1～2周后，种子会开始发芽，你的孩子会拥有一只“有生命的袜子”！

对根的探索

轻轻挖出植物完整的根。将它放在报纸上，然后小心地拨开泥土，观察植物的根。向你的孩子解释，所有植物都通过根来吸收水和土壤中的营养。之后，重新将土盖上，将植物种好。

制作帆船
用胡桃壳、薄卡片、牙签和雕塑土来制作能在家中自制的“湖”中航行的帆船。

胡桃壳帆船

孩子喜欢在水中玩耍。用一个装着水的深托盘假装是小湖，你的孩子可以在其中放上胡桃壳做的小帆船。要制作小船，可以从中缝撬开胡桃，小心不要弄坏胡桃的两个半边。然后，教你的孩子如何将薄卡片剪成方形或三角形，来制作船帆。他们可以用牙签做桅杆，将船帆两点穿透，形成能被风吹动的角度。将一点儿雕塑土放在胡桃壳里，将桅杆插上去立起来。现在，你的孩子可以将小船放到深

托盘里，慢慢吹动它了。

空气倾泻

你的孩子会发现在装满空气的容器往水里沉时会产生泡泡，然后慢慢翻转容器将空气倾泻。这一过程会让人感到很有趣。在较深的容器，如浴盆中，效果会更好。如果容器是玻璃的，像玻璃缸，就太棒了，这样所有人都能看到泡泡冒出来浮到表面。你的孩子会喜欢用吸管在水下吹泡泡，尤其在洗澡时。

发展
执行能力

充满爱的家庭生活和有着丰富活动的环境提供了孩子发展更高水平的大脑处理能力所需要的一切。

本质上，是大脑的执行能力让我们计划、组织和完成任务。蒙台梭利也许并未从科学上认识这一点，但她所设计的绝大多数活动都是为发展这些高水平的大脑能力量身定制的。7个月大的婴儿已经可以通过简单的躲猫猫和将玩具藏在毯子下之类的游戏开始练习这些认知技巧。宝宝在探寻躲藏地点时会运用工作记忆，在等待其他人或物重新出现在视野中时会练习抑制性控制。在他兴奋扭动时，如跟着动感的歌曲《围着花园转啊转》到达预测中的高潮的情况下，工作记忆和冲动控制会同时起作用。

当学步期幼儿成为学龄前儿童，配对分类游戏、记忆游戏和拼图游戏成为发展视觉工作记忆的最佳练习。孩子的思维变得更灵活，可以注意到游戏中的不同要求，能够玩诸如“跟我做”“我说你做”等游戏。想象类游戏可以提高孩子的计划能力和自我调节能力，尤其是让孩子玩“过家家”游戏，分配谁是妈妈，谁是爸爸，谁是医生。当你和孩子一起做饭时，他们在发展等待指令的能力，在工作记忆中保留任务，并谨慎小心地测量和称量原材料。

从四五岁开始玩棋类游戏时，孩子必须轮到自己时才能下，这就要求他们遵守规则，然后讲究策

YOUR CHILD'S BRAIN

孩子的大脑

大脑的执行能力从婴儿期开始发展。随着时间的积累，孩子开始能够集中注意力，控制他们的冲动（抑制性控制），并运用工作记忆——大脑容纳和处理短期信息的能力。这些联合起来，能够巩固认知，做出计划和解决问题。

一人一半

解决问题就像只剩一块松饼时，找到用分享来搞定一样简单。

略，这需要用到3种执行能力——工作记忆、灵活性和自我控制。拼图和脑筋急转弯游戏锻炼注意力和问题解决能力。视觉发现类或趣味提问类游戏能很好地提高孩子的逻辑推理能力，如“找不同”“我问你答”等游戏。

解决问题

当孩子不断成长，父母可以通过布置一些小任务来帮助发展解决问题的能力，鼓励他们顾全大局，做好计划，提出解决方案。

找到问题的解决方案涉及一套清楚的步骤：明确问题；分析构成问题的因素；运用知识和技能，以及能动用的资源来设计一个解决方案；最后考虑其可行性。成年人基于过往经验会有一系列策略和倾向，能够加速解决问题。孩子也会慢慢具备这种能力，但在生命早期，生活中充满新奇，会让计划和寻找解决方案更有趣。你可以让孩子尝试：

- 在假期或旅行前，给孩子一个小箱子，要求他计划好所需的东西，并自己打包好牙刷、睡衣和安慰玩具。
- 在家庭会议上（见117页），让孩子考虑问题并给出建议。
- 在排练话剧或木偶剧前，让孩子管理道具并分配每个人的职责。
- 邀请你的孩子解决一个日常困境：“小妹妹（弟弟）讨厌坐在超市的婴儿车里，怎样才能让他觉得婴儿车有意思？”

蒙台梭利教育法
适合你的孩子吗

如果你觉得本书中提到的在家运用的蒙式方法还不错，则可以考虑让你的孩子进入蒙台梭利学校继续接受教育。

蒙台梭利教育法的一大优势是拥有合作与尊重的氛围，不同的孩子都能在学习中找到乐趣。一般来说，这种方法广泛“适合”各种个性、气质和学习方式。它能让孩子在家庭中达到一系列的学习目标，而且在大部分情况下，父母和老师通过家校合作，能帮助孩子实现较好的学习与发展。

这一课程经过精心架构，为孩子提供了最佳学习机会。不过，特别执着于高成就获得的父母可能觉得蒙台梭利的方法有些难于理解和支持，毕竟这代表了一种与传统学校中许多做法截然不同的方法。蒙台梭利的理念认为孩子生而聪明、好奇，具有创造性，而有些学校（父母）让学习的过程违背了自然，充满压力。本身混乱无序的家庭（早上送

手舞足蹈

蒙台梭利学校提供关爱有序的环境，让学习变成一件有趣、快乐而令人兴奋的体验。

孩子去学校会迟到，接孩子的时间经常变化，觉得参加家长会以及与学校沟通很麻烦）可能对蒙台梭利的方法无所适从，但他们的孩子反而会觉得这样的方法非常可靠。

选择学校

尽管大部分蒙台梭利学校都试图尽最大可能忠于玛丽亚·蒙台梭利的理念和研究成果，然而自第一所蒙台梭利学校建立后的一百多年中，不可避免地受到我们的文化与技术发展的影响。而且，虽然“蒙台梭利”的名称代表着一种方法论与哲学，但它并没有受到版权保护，也不属于需要得到特别许可才准入的项目。这意味着，在世界上的任何地方，任何人在理论上都可以开办一所“蒙台梭利学校”，即使他们并不知道一所真正的蒙台梭利学校是如何运作的。当这样的情况发生时，我们都感到非常困扰与尴尬。很多这样的学校都难以维持很长时间，但往往会损害公众对于蒙台梭利整体理念和方法效果的认知。

通常，衡量一所蒙氏学校质量高低的标准之一是看它是否属于专业的蒙台梭利组织成员，这些组织也提供了让学校得到认证的机会。当然，还有一些其他小型的蒙台梭利组织。但没有外界组织强制要求蒙台梭利学校进行联盟或认证，不少的学校都选择保持独立。

没有一种单独的教育方法是完全适合孩子的。理想的状况是，父母不仅应该考量他们的孩子和某一学校，而且应该从他们的家庭价值观和孩子受教育的目的与学校所能真正给予的内容进行综合评估。寻找一所与父母理念相合的学校与寻找一所适合孩子的学校一样重要，因为默契的关系有利于以后的合作。

观察什么

在决定哪所学校最为适合孩子时，相信你的眼睛、耳朵和直觉。没有什么比得上你自己的观察和体验。在预录取阶段，请将访视学校作为你“将要

蒙台梭利观点

认可蒙台梭利教育的父母通常会同意如下关于儿童学习的基本观点：

◆ 智慧在人类中并不罕见。孩子在生下来时就具有智慧，在正确的刺激下，其推理和解决问题的能力在生命早期就能得到发展。

◆ 0～6岁是孩子接受教育最重要的时期。

◆ 孩子应该被鼓励发展高度的独立与自律。

◆ 学业竞争与责任不是驱动孩子好好学习最有效的方式。当上学成为一件安全、令人兴奋而愉悦的事情时，孩子的学习效果最好。

◆ 孩子的自尊、自制以及拥有部分的选择权，和他们的学习掌握新技能与信息的能力之间存在直接联系。

◆ 孩子在亲身实践、真实世界体验和解决问题的过程中收获最大，而不是靠死记硬背完成的学习和测试。

做的事”清单上的头等大事。花0.5～1小时来观察教室里工作状态中的孩子，你将收获颇多。首先，获得观察孩子“工作时间”的许可。如果你有时间，留下来参加小组会谈，或稍后回来观察孩子其他时间的状态。以下几点会帮你知道要观察些什么：

◆ 在蒙台梭利教室里，你应该看不到排列成行的课桌，也找不到讲台和黑板。这样布置会更适合孩子之间互相交流和一起工作。而且教室里的家具大小会适合孩子的尺寸。

◆ 教室应该明亮、温暖、吸引人，充满植物、动物、艺术、音乐和图书。兴趣角应该有很多有趣的学习材料、数学模型、地图、图表、国际与历史手工艺品，包括教室小图书馆、艺术区、小小自然科学博物馆，以及孩子喂养的动物。在小学教室中，你还能看到计算机和科学仪器。

书海畅游

书是每一所蒙台梭利学校的核心。孩子从绘本开始，以自己的节奏准备好学习阅读。

◆ 教室会被划分成几个课程区域，通常包括：语言艺术（阅读、文学、语法、创意写作、拼写、书写）；数学和几何；日常生活技能；感觉意识练习和拼图；地理；历史；科学；艺术；音乐；运动。每个区域都应该配备一个或多个单元架子、陈列柜、展示桌，以及许多可供开架展示的材料，好让孩子使用。

YOUR CHILD'S BRAIN

孩子的大脑

神经科学研究证实，孩子前6年的经历会影响其一生。孩子来到这个世界做好了学习的准备，而最好的学习来自提供支持和培养的人际关系、充满语言机会的环境，以便孩子在发展过程中能够充分融入和互动。

◆ 每个教室都应该备有充足的蒙台梭利材料补给，要求适合相应的层级。

◆ 在蒙台梭利学前班教室中，玩具并不会很多，而应该有大量学习材料，适合发展孩子的各项能力、兴趣，满足孩子在教室中的需求。这需要结合多种方法与探索方式，为孩子提供广泛的智力挑战。

◆ 每个教室都应该配备一名合格的蒙台梭利教

熟练操作

锻炼日常技能，比如舀东西，能帮助孩子发展手眼协调能力，培养其独立性。

好的礼仪

优雅和礼貌是需要学习的课程。蒙台梭利学校培养出来的孩子以礼貌的行为和友好著称。

师，具备能够教授相应年龄孩子的蒙台梭利教师资格认证。每个教室往往还应该配备一名具备相应资格的辅助教师或助手。你可以看到教师会每次指导1~2名学生，准备新课，解答问题，或安静地在教室中观察。

◆ 一个蒙台梭利项目通常会在一个教室中汇集不同年龄的孩子，一般跨越3年。理想状态下，每个年龄组的男孩和女孩数目是均衡的，共25~30名孩子，婴儿和学步期幼儿阶段人数会比较少。

◆ 学生通常会分散在教室中，单独工作或一两个人一起工作。

◆ 能非常清晰地看到，孩子们感到安心、舒适和安全。

如果你参观一所学校时，觉得自己喜欢这所学校的陈设与感觉，如果你清楚地看到你的孩子在这样的环境中感到快乐和成功，那么这所学校很可能是适合他的。

活动列表

这一快速指引列出了宝宝每个年龄段可以开展的游戏和活动。注意，在实际操作中，更重要的是以孩子的个体发展和兴趣为指导。

感觉能力训练（从出生起）

宝藏篮子（从6月龄起）

森林散步（从1岁起）

从出生起

- 婴儿抚触P26
- 规划第一间卧室 P36
- 感觉能力训练 P54～57
- 记忆盒子 P170

从6月龄起

- 宝藏篮子P58
- 大声朗读P174
- 不断说话P175
- 躲猫猫P196
- 藏玩具 P196

从1岁起

- 规划学步期幼儿的卧室 P39
- 森林散步 P154
- “聊天” P176

从1.5岁起

- 堆积木 p.64
- 玩豆子 p.69
- 听音乐 p.71
- 卫生间训练 p.93
- 穿衣服 p.96
- 探索户外 p.146

从2岁起

- 物品分类 P64
- 几何形状堆叠 P66
- 简单拼图 P66
- 安静游戏 P70～71
- 秩序 P84
- 卫生间技能 P88～90
- 系纽扣 P96
- 穿外套 P98
- 探索自然 P147～148
- 园艺工作 P150
- 照顾宠物 P153
- 生日派对 P168～170
- 日常物品名称 P177～178

从3岁起

从4岁起

穿衣服（从1.5岁起）

安静游戏（从2岁起）

自然博物馆（从3岁起）

用粉笔书写（从4岁起）

索引

E

F

G

H

I，K

L

M

N

O

P

Q，R

DK | Penguin Random House

图书在版编目（CIP）数据

家庭中的蒙台梭利早教 /（美）蒂姆·赛尔丁（Tim Seldin）著 ；李一之译. -- 北京 ：中国妇女出版社，2019.3

ISBN 978-7-5127-1594-3

Ⅰ.①家… Ⅱ.①蒂…②李… Ⅲ.①学前教育－家庭教育 Ⅳ.①G781

中国版本图书馆CIP数据核字（2018）第100800号

著作权合同登记号　图字：01-2016-8818

家庭中的蒙台梭利早教

作　　者：〔美〕蒂姆·赛尔丁 著　李一之 译
责任编辑：宋　文　陈经慧
封面设计：尚世视觉
印制总监：王卫东
出版发行：中国妇女出版社
地　　址：北京市东城区史家胡同甲24号　　邮政编码：100010
电　　话：（010）65133160（发行部）　　65133161（邮购）
网　　址：www.womenbooks.cn
法律顾问：北京市道可特律师事务所
经　　销：各地新华书店
印　　刷：鸿博昊天科技有限公司
开　　本：183×235　1/16
印　　张：13
字　　数：253千字
版　　次：2019年3月第1版
印　　次：2019年3月第1次
书　　号：ISBN 978-7-5127-1594-3
定　　价：78.00元（软精）